Levin Goldschmidt

System des Handelsrechts

Levin Goldschmidt

System des Handelsrechts

ISBN/EAN: 9783743665729

Hergestellt in Europa, USA, Kanada, Australien, Japan

Cover: Foto ©ninafisch / pixelio.de

Weitere Bücher finden Sie auf **www.hansebooks.com**

SYSTEM

DES

HANDELSRECHTS

MIT EINSCHLUSS DES

WECHSEL-, SEE- UND VERSICHERUNGSRECHTS

IM GRUNDRISS

VON

L. GOLDSCHMIDT.

STUTTGART.

VERLAG VON FERDINAND ENKE.

1887.

Druck von Gebrüder Kröner in Stuttgart.

SYSTEM

DES

HANDELSRECHTS

MIT EINSCHLUSS DES

WECHSEL-, SEE- UND VERSICHERUNGSRECHTS

IM GRUNDRISS

VON

L. GOLDSCHMIDT.

———◆———

STUTTGART.

VERLAG VON FERDINAND ENKE.

1887.

Verlag von Ferdinand Enke in Stuttgart.

Soeben erschien:

Rechtsstudium und Prüfungsordnung.

Ein Beitrag
zur
preußischen und deutschen Rechtsgeschichte
von
Geheimrath Professor Dr. L. Goldschmidt
in Berlin.

gr. 8. geh. Preis M. 9. —

Handbuch des Handelsrechts.

Von
Professor Dr. L. Goldschmidt
in Berlin.

Erster Band,
enthaltend die geschichtlich-literarische Einleitung und die Grundlehren.
Zweite, völlig umgearbeitete Auflage.

gr. 8. geh. M. 14. —

Zweiter Band. Erste Lieferung.
Zweite, völlig umgearbeitete Auflage.

gr. 8. geh. Preis M. 3. —

Lehrbuch
des
Deutschen Wechselrechts.

Mit Berücksichtigung
des österreichischen und des schweizer Rechts.
Von Heinrich Otto Lehmann,
a. o. Professor der Rechte an der Universität Kiel.

Mit einer Tabelle: Schematische Uebersicht der Wechseltheorien.

8. 1886. geh. Preis M. 9. —, geb. M. 10. —

Vorwort.

Der Umfang des Handelsrechts ist nur annähernd durch das Handelsgesetzbuch und die Wechselordnung fixirt — ein nicht unbeträchtlicher Theil desselben beruht noch gegenwärtig ausschliesslich oder vorwiegend auf Gewohnheitsrecht, für einzelne Institute fehlt jede positive Norm bis auf Gerichtsgebrauch und Doktrin.

Für die Anordnung des Systems sind selbstverständlich wissenschaftliche (dogmatische) Grundsätze massgebend, aber, bei Lehrbüchern wie bei Vorträgen, doch in erster Linie didaktische: was leichter verständlich ist oder die Grundlage anderer Lehren bildet, muss vorausgeschickt werden, die Anordnung im Gesetzbuch ist in keiner Weise massgebend. Und wenn einerseits die lediglich praktische Beziehung nichthandelsrechtlicher Institute, z. B. des Urheberrechts und Erfinderrechts (sog. geistigen Eigenthums) zu handelsrechtlichen Lehren, z. B. zu dem Recht des Buchhandels, deren Aufnahme in das System des Handelsrechts nicht zu rechtfertigen vermag, so gehören demselben andererseits auch solche Rechtstheile und Rechtsinstitute an, welche wesentlich aus dem Handelsverkehr hervorgegangen sind, wie z. B. das Wechselrecht, oder in so engem geschichtlichen und dogmatischen Zusammenhange zu handelsrechtlichen Instituten stehen, dass sie nur in diesem völlig verstanden werden können, wie das gesammte Recht der Werthpapiere, die Versicherung auf Gegenseitigkeit u. dergl. Die übliche, aber keineswegs gleichmässige Abgrenzung des sog. „Deutschen Privatrechts" kann für die Feststellung des Handelsrechtsgebietes um so weniger massgebend sein, als das letztere zu erheblichem Theile seine selbständigen geschichtlichen Grundlagen, ihm eigenthümliche leitende Gesichtspunkte und einen weit umfassenderen (universalen) Geltungsumfang hat, ja vielfach der Anknüpfung an Institute des (römischen) Civilrechts bedarf.

Dazu tritt, dass bei der bevorstehenden Kodifikation des bürgerlichen Rechts sich nicht leicht die bisherige Disziplin des „Deutschen Privatrechts" als solche aufrecht erhalten lässt, während kein gegründeter Zweifel bestehen dürfte, dass das Handelsrecht neben dem bürgerlichen Recht eine selbständige Stellung bewahren muss und wird.

Der nachstehende Grundriss, aus nun dreissigjährigen Vorträgen über das Handelsrecht hervorgegangen und im Laufe der Zeit vielfach verbessert wie erweitert, soll eine angemessene Grundlage für den akademischen Vortrag bilden; bisher nur meinen Zuhörern mitgetheilt, erscheint er jetzt zum erstenmal im Buchhandel, da er wegen der Anordnung und der Literaturangaben sich in weiteren Kreisen nützlich erweisen dürfte, auch bisher schon vielfach, ohne Quellenangabe, benützt worden ist.

Durch die stete Verweisung auf die gangbaren Lehr- und Handbücher soll die Privatlektüre, soweit zur Ergänzung des Vortrags wünschenswerth, erleichtert werden. Die bessere Spezialliteratur der einzelnen Zweige und Institute ist gleichzeitig mit möglichster Genauigkeit verzeichnet, soweit solche nicht, wie in meinem Handbuch und in *Behrend's* leider unvollendetem, so gewissenhaften Lehrbuch des Handelsrechts angegeben ist; andere Lehrbücher lassen hinsichtlich der Genauigkeit oder der richtigen Auswahl in dieser Richtung viel zu wünschen. Einzelne wichtige Monographieen sind besonders hervorgehoben.

Citate von Urtheilen der Gerichtshöfe und auswärtigen Gesetzen finden sich nicht, sind vielmehr dem Vortrag an geeigneter Stelle vorbehalten.

Die abgekürzten Citate sind, soweit nicht für sich verständlich: Th.: Thöl's Handelsrecht; G.: Goldschmidt's Handbuch (I. u. II. 1. in 2. Aufl., dazu einstweilen noch I. 2. in 1. Aufl.); E. Hdb.: Handbuch des Deutschen Handelsrechts, herausg. von Endemann; E.: Endemann, Deutsches Handelsrecht; B.: Behrend's Lehrbuch des deutschen Handelsrechts; Z.: Zeitschrift für das gesammte Handelsrecht; Bu.: Busch's Arch. f. Deutsches Handelsrecht; Arch. f. W.R.: Archiv f. Wechsel- (und Handels-) Recht; N. Arch. f. H.R.: Neues Archiv f. Handelsrecht von Heinichen u. s. f; C.O. N. F.: Centralorgan f. das D. Handels- und Wechsel-R. Neue Folge.

Berlin, 1. Juli 1887.

Goldschmidt.

Einleitung.

I. Grundbegriffe: Handel und Handelsrecht. Handels-
wissenschaft . . . . § 1

Th. 1. §§. 1—4. *G.* I. §§ 1, 2. *B.* I. §§ 1—7. *E.* Hdb. I.
§§ 1—3.

Vgl. unten zu § 10 ff., 15 ff.

Oeffentliches Handelsrecht:

Laband, Das Staatsrecht des D. Reiches. II. (1878) §§ 71
bis 76 und in *Marquardsen's* Handbuch des öffentl. Rechts II. 1.
(1883.) *H. Schulze*, Lehrbuch des D. Staatrechts I. II. 1881/86.
Derselbe: Das Preuss. Staatsrecht. I. II. 1872/77. — Lehrbücher
des D. Verwaltungsrechts von: *Rösler* (I. 1, 2. Das soziale Ver-
waltungsrecht. 1872/73). *G. Meyer*, I. II. 1883/85. *E. Löning*.
1884. *Stengel*. 1886.

Handelsvölkerrecht:

Die Systeme von *Heffter*, *Bluntschli*, *Calvo*, *Phillimore*,
v. Martens, *Pradier-Fodéré*, *Twiss*, *Bulmerincq* u. A. — Handb.,
herausg. von *v. Holtzendorff*. 1885 ff. — *Massé*, Le droit commercial dans ses rapports avec le droit des gens et le droit civil.
3 éd. 4 vol. Paris 1873. Vgl. unten § 139.

Handelswissenschaft:

J. R. Mac Culloch, A dictionary — of commerce and commercial navigation. London 1832. Neueste Ausgabe 1877.
Dictionnaire universel théorique et pratique du commerce et
de la navigation. Paris, *Guillaumin & Cie*. Neueste Ausgabe
1874. *C. Noback* und *Fr. Noback*, Allgem. Encyclopädie für
Kaufleute, Fabrikanten und Gewerbetreibende. 12. Aufl. 1856/59.
Fortges. von F. Steger 1864. Bibliothek der gesammten Handels-

wissenschaften. 3 Bde. 1867/77. *L. Rothschild's* Taschenbuch für
Kaufleute. 29. Aufl. 1885 u. v. a.
J. Sarary, Le parfait négociant. Paris 1675 u. oft. *J. G.
Büsch*, Theoretisch-praktische Darstellung der Handlung. 3. Aufl.
1808. *Fr. Noback*, Systematisches Lehrbuch der Handelswissen-
schaft. 2. Aufl. 1851.
Die Systeme der Nationalökonomie von *K. H. Rau (Wagner*
u. *Nasse)*, *Schäffle*, *W. Roscher* (insbes. Bd. III), *Gustav Cohn*
u. A. Handbuch der politischen Oekonomie, herausg. von
Schönberg, I. II. 1882. (2. Aufl. I.—III. 1885/87.); insbes. *Lexis*,
I. 1017. (2. Aufl. II. 663.)
A. Beer, Allgemeine Geschichte des Welthandels. Abth. 1—3,
1. 1860/63; 3, 2. (2 Bde.) 1884. *W. Heyd*, Die Geschichte des
Levantehandels im Mittelalter. I. II. 1870. (Vermehrte französ.
Ausg. von *Raynaud*. I. II. 1885/87.) *J. Falke*, Die Geschichte
des Deutschen Handels. I. II. 1859/60.
Zeitschriften: die volkswirthschaftlichen, auch Preussisches
(jetzt Deutsches) Handelsarchiv. 1847 ff. Bremer Handelsblatt.
1852 ff. Deutsches Handelsblatt. 1871/86.

II. Geschichtliche Entwickelung und wissenschaftliche
Bearbeitung des Handelsrechts.
G. I. §§ 3—32. Th. I. §§ 5, 8—10, 18—24. *B*. I. §§. 8—14.
E. Hdb. I. §§ 4—12, 24.

Vorbemerkung . . . . § 2
Zur Geschichte der wirthschaftlichen Anschauungen s. *G*. I.
§ 2. *W. Endemann*, Studien in der romanisch-kanonischen
Wirthschafts- und Rechtslehre bis zum Ende des 17. Jahr-
hunderts. I. 1874. II. 1883. *W. Roscher*, Geschichte der National-
ökonomik in Deutschland. 1874. *L. Cossa*, Einleitung in das
Studium der Wirthschaftslehre. Bearb. von Moormeister. 1880.
R. Wagner, Handbuch des Seerechts I. S. 5 ff.
Pardessus, Collection — s. unten § 140.

1. Im Alterthum. Insbesondere das Römische
Recht . . . . § 3
2. Im Mittelalter.
a) Italien . . . . § 4
S. auch *Lastig*, Entwicklungswege und Quellen des Handelsrechts. 1877 (dazu *G*., Z. XXIII, 309). *Endemann*, Studien

(s. § 2; dazu *Lastig*, Z. XXIII. 138. XXIV. 387). *A. Lattes*, Il diritto commerciale nella legislazione statutaria delle città Italiane. Milano 1883. *Lattes*, Studii di diritto statutario. Milano 1887.

b) Die übrigen Staaten . . . . § 5

Insbes.: Das Recht der Deutschen Hanse. Wichtigstes Urkundenwerk: *Höhlbaum*, Hansisches Urkundenbuch. Bisher Bd. I—III. 1876/86. Die Zunftrollen und sonstiges Gewerberecht. Insbes.: *Schönberg*, Zur wirthschaftlichen Bedeutung des Deutschen Zunftwesens im Mittelalter. 1868. *Stieda*, Zur Entstehung des Deutschen Zunftwesens. 1877. *Schmoller*, Die Strassburger Tucher- und Weberzunft. 1879. *Depping*, Règlements sur les arts et métiers de Paris. Paris 1837. *Toulmin Smith*, English gilds. London 1870.

3. Die neuere Zeit.

a) Bis zum Ende des XVIII. Jahrhunderts § 6

Insbes.: Die revidirten Statuta mercatorum. — Édit de Charles IX — novembre 1563. — Ordonnance du commerce — mars 1673. Ordonnance de la marine — 1681. — Ordenanzas de — Bilbao 1737. (1560.)

b) Der gegenwärtige Rechtszustand.

Deutschland . . . . § 7

1. (A. L. R. [5./2. 1794]. II. 8. § 475—2464). (Code de commerce [français]).

2. Entwurf eines Handelsgesetzbuchs für das Königreich Württemberg. I. II. 1839/40.

3. Allgemeine Deutsche Wechselordnung, vollendet 9./12. 1847, publ. 1848 ff.

Protokolle der zur Berathung einer A. D. W.O. in Leipzig abgehaltenen Konferenz, nebst dem Entwurf einer W.O. für die Preuss. Staaten, den Motiven zu denselben etc. 4. Leipzig 1848. Protokolle der Leipziger Wechselkonferenz, herausg. von H. Thöl. 1866. — Landes - Einführungsgesetze (1848/72) s. sub 5.

Die sog. Nürnberger Novellen: 1. Lesung
1858, 2. Lesung 1861, publ. 1861 ff. (Z. I. 540.
V. 228.)

4. (Frankfurter) Entwurf eines allgemeinen. H. G. B.'s
für Deutschland (sog. Reichshandelsgesetzentwurf)
Tit. 1—5. 1848/49.

5. **Allgemeines Deutsches Handelsgesetzbuch**,
vollendet nach theilweise dreimaliger Lesung (1857
bis 1861) 11./3. 1861, publ. 1861 ff.
Entwurf eines H.G.B.'s für die Preuss. Staaten I. II.
1857/59.
Protokolle der (Nürnberger bezw. Hamburger) Kommission
zur Berathung eines A. D. H.G.B.'s, herausg. von J. Lutz.
9 Theile mit (unvollständigem) Registerband und Beilagenband
in 3 Theilen. 1858/63.
J. Riesser, Zur Revision des Handelsgesetzbuchs. 1. Abth.
(Beilagenheft zu Z. XXXIII. [1887].)
Landes-Einführungsgesetze (1861/72): Sammlung (unvoll-
ständig) im Beilagenband zu den Nürnberger Protokollen. Th. III.
1863/66, besonders 1871. Systematische Zusammenstellung:
v. Salpius, Die Ergänzungen der A. D. W.O. und des A. D.
H.G.B.'s. 1870.

6. **Wichtigste Grundgesetze aus der Zeit des
Norddeutschen und Deutschen Bundes und
des Deutschen Reichs, seit 1866.**
(*G.* I. § 21—23 u. Z.)
Ges., betr. die Einführung der A. D. W.O., der Nürnberger Wechsel-Novellen und des A. D. H.G.B.'s als Bundesgesetze, v. 5./6. 69. Ges., betr. die Errichtung eines obersten
Gerichtshofes für Handelssachen, v. 12./6. 69. Gewerbe-Ordn.
v. 21./6. 69, jetzt 1./7. 83, nebst Novellen. Strafgesetzbuch
v. 31./5. 70, jetzt 15./5. 71. Gerichtsverfassungsges. v. 27./1. 77.
Civilprozessordnung v. 30./31. 77. Konkursordnung v. 10./2. 77
(vgl. *v. Sarwey*, Z. XXIII. 371. *Keyssner*, eod. XXV. 449). Er-
setzt sind H.G.B. Art. 528—556 durch die Seemannsordnung
v. 27./12. 72; H.G.B. Art. 173—249a durch Art. 173—249g laut
Reichsges. v. 18./7. 84.
Andere Gesetze s. unten im Zusammenhang.

Zusammenstellungen im Kommentar von *Makower* (s. § 9); *Schröder*, Das A. D. H.G.B. und die A. D. W.O. nebst — den ergänzenden — Gesetzen des Deutschen Reiches. 6. Aufl. 1884 und Nachtrag 1884.

Die übrigen Staaten . . . . § 8

G. I. §§ 23—32 und Z. I—XXXIII. *(F. Mittermaier* u. A.) Annuaire de législation étrangère, publié par la société de législation comparée. Seit 1872. Dazu: Annuaire de législation française. Seit 1882. Paris. — Rassegna di diritto commerciale Italiano e straniero. Raccolta internazionale — diretta dall' avvocato *F. M. Fiore-Goria.* Seit 1883. Torino. — Annales de droit commercial, français, étranger et international, publiés par *E. Thaller.* Seit 1886. Paris.

Oscar Borchardt, Die geltenden Handelsgesetze des Erdballs, gesammelt und ins Deutsche übertragen. (Nur Uebersetzung.) Erste Abth.: Die kodifizirten Handelsgesetze. Bd. I. 2. Aufl. 1884. Bd. II—V und Register. 1884/87. *S. Borchardt* und *O. Borchardt,* Wechselgesetze (s. § 171).

1. Oesterreich.

Cisleithanien: Die Deutsche W.O., publ. 25./1. 50, das Deutsche H.G.B. (ohne Seerecht), publ. 17./12. 62. Konkursordnung 25./12. 68.

Länder der Ungarischen Krone: Handelsgesetz (wesentlich Deutsches) v. 16./5. 75. Wechselgesetz (wesentlich Deutsches) v. 5./6. 76. Konkursordnung 27./3. 81. Nachgebildet: Bosnien u. Herzegowina, seit 1./11. 83.

2. Schweiz.

Bundesgesetz über das Obligationenrecht v. 14./6. 81 (enthält Handels- und Wechselrecht [wesentlich Deutsches] ohne See- und Versicherungsrecht). Dazu andere Bundesgesetze und Kantonalrecht.

3. Frankreich.

Code de commerce, publ. 20.—25./9. 1807, nebst zahlreichen Ergänzungs- und Abänderungs-Gesetzen (insbes. Ges. 28./5. 38, 2./7. 62, 6./5. 63, 23./5. 63, 18./7. 66, 24./7. 67, 28./3, 12./8. 85, 12./1. 86).

4. Belgien.

Code de commerce revisé, in einzelnen Theilen publ. 1867/79; neue Konkursordnung 18./4. 51.

5. Niederlande.

Wetboek van Koophandel 10./4. 38.

6. Italien.

Codice di commercio 28.'6. 65, jetzt 2./4. bezw. 31./10. 82.

7. Spanien.

Codigo de comercio 30./5. 29, jetzt 22.'8. 85; Ges. 6.;12. 68.

8. Portugal.

Codigo commercial Portuguez. 18./9. 33.

9. Griechenland.

Νόμος ἐμπορικός 1./5. 35.

10. Rumänien.

Codicele de commerciü. 10./12. 63.

11. Serbien.

Handelsgesetzbuch 6./2. 60.

12. Russland.

Swod sakónow XI. 3. Ausg. 1857 (Deutsche Uebersetzung 1851 u. Borchardt).

Ehemal. Königr. Polen:
Code de commerce français.

Deutsche Ostseeprovinzen:
Liv-, Kur- und Esthländisches Privatrecht. 1864.

Finland:
W.O. 20.;3. 59, Seegesetz 9./1. 73.

13. Türkei.

H.G.B. 1850 bezw. 1860, Seerecht 1864.

Aegypten: H.G.B. und Seerecht 1874/75.

14. Mittel- und Südamerikanische Staaten.

Insbesondere: Brasilien 1850, Argentina 1859;62, Chile 1865.

15. Ohne Handelsgesetzbuch bisher:

Die Skandinavischen Staaten.

Grossbritannien. ⎫
⎬ S. unten §§ 140, 171.
Vereinigte Staaten von Amerika. ⎭

4. Die Literatur . . . . § 9

(Mit Ausschluss der besonderen Literatur des Wechsel-, See- u. Versicherungsrechts vgl. §§. 141, 156 a, 174.)

G. I. § 23 a. *Voigtel*, Uebersicht der Literatur des Deutschen Handelsrechts (1862/75) 1876 (mangelhaft).

Benevutus Straccha, Tractatus de mercatura seu mercatore. Venet. 1553 (Amstelod. 1669). *Rotae Genuae* de mercatura et rebus ad eam pertinentibus decisiones. Genuae 1582 (Amstelod. 1669). *Joh. Marquard*, Tractatus politico-juridicus de iure mercatorum et commerciorum singulari.· 2 t. Fol. Francofurti 1662. *Ansaldi de Ansaldis*, Discursus legales de commercio et mercatura. Rom 1689. (Coloniae 1751.) *J. M. L. de Casaregis*, Discursus legales de commercio (disc. 1—60. Genuae 1707). 3 t. Fol. Florenz 1719/29 (Op. omnia Venet. 1740, 4 t. Fol.).

G. F. v. Martens, Grundriss des Handelsrechts, insbes. des Wechsel- und Seerechts. Göttingen 1797. (3. Aufl. 1820.) *Heise's* Handelsrecht. Nach dem Original-Manuscript. 1858. *J. H. Bender*, Grundsätze des Deutschen Handelsrechts. I. II. 1. 2 (ohne See- und Versicherungsrecht). 1824/28. *M. Pöhls*, Darstellung des gemeinen Deutschen und des Hamburgischen Handelsrechts. I. II. 1. 2. III. 1—4. IV. 1. 2. 1828/34. *H. Thöl*, **Das Handelsrecht** (unvollendet) **Bd. I. 1841. (6. Aufl. 1879.) Bd. II. (Wechselrecht.) 1848. (4. Aufl. 1878.) Bd. III. 1880.** *C. H. L. Brinckmann*, Lehrbuch des Handelsrechts (ohne Wechsel-, See- und Versicherungsrecht). 1853/57; fortgesetzt von *W. Endemann*. 1860.

Neuere Systeme:

Gad, Handbuch des A. D. Handelsrechts. I. 1863 (unvollendet). *W. Auerbach*, Das neue Handelsgesetz. Abth. I. II. 1863/65 (ohne Wechsel- und Seerecht). *L. Goldschmidt*, Handbuch des Handelsrechts (noch unvollendet). Bd. I. Abth. 1. 2. 1864/68. (2. Aufl. der ersten Abtheilung. jetzt Bd. I. 1874/75. Bd. II. Liefer. 1. 1883.) *W. Endemann*, Das Deutsche Handelsrecht (ohne Wechsel- und Seerecht). 1865. (3. Aufl. 1876.) *O. Wächter*, Das Handelsrecht nach dem A. H.G.B. 2. Thl. 1866 (ohne Wechsel- und Seerecht). *Gareis*, Das Deutsche

Handelsrecht 1880. (2. Aufl. 1884.) *Behrend*, Lehrbuch des Handelsrechts [cit. B.], bisher I. 1—4. 1880/86. *Handbuch des Deutschen Handels-*, See- und Wechselrechts, herausg. v. *Endemann.* I. 1881. II. 1882. III. 1883/85. IV. Abth. I. II. 1884.

Kommentare (bis auf *Makower* unter Ausschluss des Seerechts):

F. v. Hahn, Kommentar zum Allg. D. H.G.B. I. II. 1862/67. (3. Aufl. I. 1877. 2. Aufl. II. 1875/83.) *A. Anschütz* und *v. Völderndorff*, Kommentar zum Allg. D. H.G.B. I. II. III. 1867/74. (II. Abth. 2. 2. Aufl. 1885.) *H. Makower*, Das A. D. H.G. mit Kommentar. 1862. (9. Aufl. 1884.) *E. S. Puchelt*, Kommentar zum A. D. H.G.B. 1872/74. (3. Aufl. 2 Bde. 1882/85.) *A. Brix*, Das A. D. H.G.B. vom Standpunkt der Oesterreichischen Gesetzgebung erläutert. Wien 1864. *Kowalzig*, A. D. H.G.B., erläutert vornehmlich aus den Entscheidungen des R. O.H.G.'s 1876. (2. Aufl. 1879.) *H. Keyssner*, A. D. H.G.B. nach Rechtsprechung und Wissenschaft erläutert. 1878.

F. Dahn, Handelsrechtliche Vorträge. 1875.

Die Lehrbücher des *Deutschen Privatrechts* von *Mittermaier* (7. Aufl. 1847), *Beseler* (4. Aufl. 1885). *v. Gerber* (15. Aufl. 1886), *Bluntschli-Dahn* (3. Aufl. 1864), *Gengler* (3. Aufl. 1876). *O. Stobbe*, I—V. 1871/85 (I—III. 2. Aufl. 1882/85 — nur theilweise). *F. Dahn*, Deutsches Rechtsbuch. 1877. *Mandry*, Der civilrechtliche Inhalt der Reichsgesetze. 1878. (3. Aufl. 1885.) *Förster*, Theorie und Praxis des heutigen gemeinen *Preussischen Privatrechts*. 4 Bde. 3. Aufl. 1873/74. (4. u. 5. Aufl. bearbeitet von *Eccius*, I—IV. 1880/84. 1886 ff.) *Dernburg*, Lehrbuch des *Preussischen Privatrechts* und der Privatrechtsnormen des Reichs. I. 4. Aufl. 1884, II. 3. Aufl. 1882, III. 3. Aufl. 1884. *Hasenöhrl*, Das Oesterreichische Obligationenrecht I. Wien 1878/81. II. 1. 1886.

Die Lehrbücher der *Pandekten*, insbes. von *Windscheid* (6. Aufl. 3 Bde. 1887), *Bekker* I. (1886), *Dernburg* I. II. III. 1. (1884/87).

Rechtslexikon, herausgegeben von *v. Holtzendorff*. 3 Bde. 3. Aufl. 1879/82.

Scheffer und *Gross*, Repertorium zum A. D. H.G.B. 1867. (*Grünewald*, Repertorium zum A. D. H.G.B. 2 Bde. 1871/74.)

Die Praxis:
Entscheidungen des Reichs- (früher Bundes-) **Oberhandelsgerichts,** 1871/79, 25 Bde. Generalregister zu Bd. I—X. XI—XV. XVI—XX. XXI—XXV. — **Entscheidungen des Reichsgerichts in Civilsachen,** herausg. von den Mitgliedern des Gerichtshofes, seit 1879. Generalregister zu Bd. I—X. 1885. — Rechtsgrundsätze der *Entscheidungen Deutscher Gerichtshöfe,* mit Ausnahme der des R.O.H.G.'s, auf dem Gebiet des Handelsrechts — herausg. von *Grünewald.* 1. 2. 1877/78. Sammlung von *(Oesterreichischen) Entscheidungen* zum H.G.B., von *Adler* und *Clemens.* Bd. I—V. Wien 1868/84. *Fuchsberger*, Entscheidungen des Reichsgerichts und Reichsoberhandelsgerichts. I. Handelsrecht. 1881. II. Wechselrecht. 1881. Supplement I. 1883. Seerecht. 1885. Ausgewählte Entscheidungsgründe des O.A.G. *der vier freien Städte* — herausg. von *Thöl.* 1857. *Hamburgische* Gerichtszeitung. 1861/68. *Hamburgische* Handelsgerichtszeitung, seit 1868. *Hanseatische* Gerichtszeitung: Hauptblatt: Handelsrechtliche Fälle, seit 1880. Generalregister von *Semmler* (1868/84). 1886. — Sammlung handelsgerichtlicher Entscheidungen — in *Bayern.* 2 Bde. 1865/67. Sammlung wichtiger Entscheidungen des *Bayr.* Handelsappellationsgerichts. 3 Bde. 1868/70. Sammlung von Entscheidungen des obersten Gerichtshofes für *Bayern* und der Bayr. Handelsappellationsgerichte. 3. Bde. 1873/79. *Archiv für Entscheidungen der obersten Gerichte in den Deutschen Staaten,* v. J. A. *Seuffert (E. A. Seuffert — Preusser — Schütt)*, seit 1847. Dazu Generalregister zu Bd. I—XX. XXI—XXV. XXVI—XXX. XXXI—XXXV. XXXVI—XL. Die Sammlungen der Urtheile des **O.A.G.'s zu Lübeck,** O.T.'s zu Berlin u. a. m.

Zeitschriften und gesammelte Abhandlungen, insbes.: *Heise* und *Cropp,* Juristische Abhandlungen. 2 Bde. 1827 bis 1830. *Thöl*, Praxis des Handels- und Wechselrechts. 1. (einziges) Heft. 1874. R. *Römer*, Abhandlungen aus dem Röm. Recht, dem Handels- und Wechselrecht. 1. (einziges) Heft. 1877. A. *Fréméry*, Études de droit commercial. Paris 1833.

Gelpcke, Zeitschrift für Handelsrecht. 3 Hefte. 1852/53. *Archiv für Deutsches Wechselrecht* (und Handelsrecht, seit Bd. VI Heft 3), herausg. von *Siebenhaar* und (bis Bd. IX)

Tauchnitz 18 Bde. 1851/69. N. F. 6 Bde. (*v. Bernewitz*) 1870/74 (geschlossen).

Zeitschrift für das gesammte Handelsrecht, herausg. von *Goldschmidt* (später auch Laband [Malsz], Sachs, v. Hahn, Keyssner). Bisher 33 Bde. und 10 Beilagenhefte. Seit 1858. *Systematisches Generalregister* zu Bd. I—XXV und sämmtlichen Beilagenheften v. *H. Gabriel.* 1881.

Neues Archiv für Handelsrecht, herausg. v. *J. Voigt* und *Heinichen* (später *Heinecken* und *Weber*). 4 Bde. 1858/66 (geschlossen).

Centralorgan für den Deutschen Handelsstand, herausg. von *G. Löhr.* 3 Bde. 1862/64. *Centralorgan* für das Deutsche Handels- und Wechselrecht. N. F., herausg. von G. Löhr, seit Bd. VI von *W. Hartmann.* 9 Bde. 1865/73 (geschlossen).

Archiv für Theorie und Praxis des Allgemeinen Deutschen Handels- (und Wechsel-)*Rechts*, herausg. von (v. Raule, v. Gerber und) *F. B. Busch* (später auch H. Busch und G. Keyser, jetzt H. Busch). Bisher 47 Bde. Register zu Bd. I—XV. XVI—XXV. XXVI—XXXVII. Seit 1862.

Ausserdem: Archiv f. civil. Praxis, Jahrbücher f. Dogmatik, *Grünhut's* Zeitschr., *Gruchot's* (Rassow u. Küntzel) Beiträge, Revue de droit international, Journal de droit international privé. Zeitschr. f. vergleichende Rechtswissenschaft u. v. a.

J. Riesser, Handelsrechtspraktikum. 1885.

Auswärtige, namentlich Französische, Italienische, Englische (Amerikanische), Holländische **Literatur** und **Praxis** s. G. I. §§ 24—32 und Literaturübersichten der Z.

Insbesondere:
Pardessus cours de droit commercial. 6 éd. 4 vol. 1856/57. *Delamarre et Lepoitvin*, Traité — de droit commercial. 2 éd. 6 vol. 1861. *Alauzet*, Commentaire du code de commerce. 3 éd. 8 vol. 1879. *Bravard-Veyrières*, Traité droit de commercial. Publié — par *Demangeat*. I—III. V. VI. 1862/68. IV. 1. 1875. IV. 2. 1886. *Bédarride*, Droit commercial. 18 vol. 1854/64. 2 bezw. 3 éd. 1872/83 (dazu unter Spezialtiteln 10 vol.). *Boistel*, Précis du cours de droit commercial. 3 éd. 1884. *Lyon Caën et Renault*, Précis de droit commercial. I. II. 1879/86. *Dictionnaire* du contentieux commercial et industriel. 6 éd. — par *Dutruc*. 2 vol. 1875. — *Dictionnaire* de droit commercial et industriel et maritime. 3 éd. par *Goujet et Merger*, jetzt *Ruben*

de Couder. Paris 1877/81. 6 vol. *Massé,* cf. § 1. *Dreyer,* Z. XX. XXI. XXII. XXIV. XXXIII.

Namur, Le code de commerce Belge revisé. 2 éd. 3 vol. Bruxelles 1884.

Entwurf eines *Schweizerischen* Handelsrechts. Bern 1864. Motive — verfasst von — *Munzinger.* 1865. *Schneider* und *Fick*, Das Schweizerische Obligationenrecht. 2. Aufl. Zürich 1884. *Hafner*, Das Schweizerische Obligationenrecht. Zürich 1888. *Haberstich*, Handbuch des Schweizerischen Obligationen-rechts. I. II. 1. 2. 1884/87.

Holtius, Voorlezingen over handels- en zeeregt. 3 d. Utrecht 1861. *Kist*, Beginselen van handelsregt. 6 d. Amsterdam 1873/77 (d. I—IV. 2. Aufl.).

Borsari, Il codice di commercio annotato. 3. vol. Torino 1869/70. *Vidari*, Corso di diritto commerciale. Vol. I—IX. Milano 1877/87 (I—IV. 2 ed. 1881/82). *A. Marghieri*, Il nuovo diritto commerciale Italiano, esposto sistematicamente. I. II. Napoli 1882/83. *Viduri*, Il nuovo codice di commercio. 2 ed. Milano 1884.

Smith, A compendium of mercantile law. 9 ed. London 1877. *Addison*, On contracts. 7 ed. by Cave. London 1875. *Bell*, Commentaries on the law of Scotland. 7 ed. 2 vol. Edinburgh 1870. *Tudor*, A selection of leading cases on mer-cantile and maritime law. 3 ed. London 1884.

Kent, Commentaries on American law. 12 ed. 4 vol. Boston 1873. *Th. Parsons*, Laws of business for all the states and territories of the Union and the dominion of Canada. New ed. Hartford 1887.

Civil code of New York (D. Dudley-Field). 1865.

Erstes Buch.

Die Regeln und Quellen des Handelsrechts.

H.G.B. Art. 1—3, 278, 279. G.V.G. § 118. C.P.O. § 265.
Th. I. §§ 6, 7, 11—17. *G.* I. §§ 33—39. *B.* I. §§ 5, 6
15—21. *E.* im Hdb. I. 6—11, 19—23.

I. Geltungsumfang . . . . § 10

II. Quellen und Methode . . . . . , ... § 11

    Insbesondere der Handelsgebrauch (Usance) . § 12

III. Handelsrecht und bürgerliches Recht . . . . § 13
    S. auch Z. XX. 134.

IV. Oertliche und zeitliche Geltung . . . . . . § 14

    S. auch (§ 1 u. G. § 38): *T. M. C. Asser*, Das internationale Privatrecht. Bearb. aus dem Holländ. von *M. Cohn*. 1880. *T. M. C. Asser*, Éléments de droit international privé — traduit, complété et annoté par *A. Rivier*. Paris 1884. *J. Westlake*, Lehrbuch des internationalen Privatrechts. Deutsche Ausgabe — von *v. Holtzendorff*. 1884.

    Journal de droit international privé — publié par *Clunet*. Paris. Seit 1874.

    Göppert und *Eck*, Gesetze haben keine rückwirkende Kraft. (Jahrb. für Dogm. XXII. 1.) 1883.

Zweites Buch.

Der Handel und die Handelsgeschäfte.

H.G.B. Art. 271—277, 4.

Th. I. §§ 25—37. *G.* I. §§ 40—59. *B.* I. §§ 22—31
E. im Hdb. I. §§ 13—18. S. auch zu § 1.

I. Geschichtliche Entwickelung der Begriffe . . § 15

Fr. Politzer, Das Verhalten des A. D. H.G.B.'s zum Immobiliarverkehr. 1885.

II. Handelsgeschäft und Handelsgewerbe. Objectives, subjectives, gemischtes System . . . . . . § 16

Die einzelnen Klassen. Die Präsumtionen . § 17

Die Handelssache und das Handelsgericht . § 18

H.G.B. Art. 1, 3. (Reichsges. 12.'6. 69. § 13.)
D. Gerichtsverfassungsges. § 101 (§§ 11, 67, 70, 100, 102—118, 23).
E.G. zur C.P.O. §§ 3, 13, 14, 15. *Z. 2.*
Keyssner, Z. XXV. 449.

III. Einseitige, beiderseitige Handelsgeschäfte . . § 19

IV. Handelszweige. Gross- und Kleinbetrieb . . § 20

Drittes Buch.

Das Handlungshaus.

Erster Abschnitt. Der Kaufmann oder Handelsmann.

Th. I. §§ 38—54. *E.* §§ 13—24. *B.* I. §§ 23—25. 32—42.
v. Völderndorff, in *E.* Hdb. I. §§ 25—63.

Cap. I. Begriff und Rechtsstellung . . . § 21

H.G.B. Art. 4, 5, 11.

G. I. §§ 43, 44.

Insbesondere:

Die Befugniss zum Handelsbetrieb . . . § 22

H.G.B. Art. 11, 276. R.Gewerbeordnung 21.;6. 69, jetzt 1.;7. 83.

Jacobi, Die Gewerbegesetzgebung im Deutschen Reich. 1874.
M. Seydel, Das Gewerbepolizeirecht. 1881 (auch Hirth's Annalen
1881. S. 569 f9). *Marcinowski*, Die R.Gew.O. — mit Kommentar. 3. Aufl. 1884. 2 Ergänzungshefte 1884. *Löning*, D. Ver-
waltungsrecht. §§ 115—126 u. Cit. *Laband*, D. Staatsrecht II.
§ 76. *Schönberg* im Handbuch der polit. Oekonomie II. 385.

Vollkaufmann und Minderkaufmann . . . § 23

H.G.B. Art. 10.

G. I. § 46.

Der minderjährige Kaufmann . . . . . § 24

Die Kauf- oder Handelsfrau . . . . . § 25

H.G.B. Art. 6—9. Gew.O. § 11. C.P.O. § 51.

S. auch *Stobbe*, D. Privatr. IV. § 229. *Mandry* 13.

Cap. II. Das Handelsregister . . . . § 26
H.G.B. Art. 12—14.
Lit.: *B. I. § 39. Lastig*, Florentiner Handelsregister des
Mittelalters. 1883. *O. Rudorff*, Die Vorschriften über die Führung des Handelsregisters. I. 1882. *Späing*, Handelsregister
und Firmenrecht. 1884. *Le Fort*, Le registre de commerce et
les raisons de commerce. Genève 1884.

Cap. III. Handlung (Geschäft). Niederlassung.
Gerichtsstand . . . . § 27
**H.G.B. Art. 16, 18, 19, 21—24, 28—31, 41. C.P.O. §§ 22,
18, 19, 23, 24, 29—31. K.O. §§ 64, 208.**
Lit.: *B. I. §§ 37, 38. Bekker*, Z. IV. 499. Vgl. *Bekker*,
Pandekten I. § 43. — S. unten §§ 28, 33.

Cap. IV. Die Firma . . . . § 28
H.G.B. Art. 15—27.
Lit.: *B. I. § 40.* Dazu: *Ehrenberg*, Z. XXVIII. 25. *Miller*,
Die Lehre von der Geschäftsfirma nach Schweiz. Obligationenr.
Bern 1884. *Späing* (s. § 26). *Bähr*, Urtheile des Reichs-
gerichts in Civilsachen S. 121 ff. *Mayer*, Z. XXVI. 363. Vgl.
auch §§ 26, 27, 33.

Cap. V. Die Waarenbezeichnung . . . . . § 29
**(Str. G.B. § 287.) Reichsges. v. 30. 11. 74. Oesterr. Ges.
über den Markenschutz 7. 12. 58 und 15. 6. 65.**
Homeyer, Die Haus- und Hofmarken. 1870. *Dietzel*, Jahrb.
von Bekker und Muther. IV. 227. — *J. Kohler*, Das Recht des
Markenschutzes, 1884/85. *Bähr* und *Mayer*, l. c. (§ 28). Weitere Lit.: *B. I. § 41.*

Cap. VI. Die kaufmännische Buchführung.
**H.G.B. Art. 28—40. C.P.O. §§ 259, 392, 409 und E.G.
§ 13 (Str.G.B. §§ 281, 283). K.O. §§ 209, 210. Gew.O. § 38.**
Lit.: *B. I. § 42. V. Simon*, Die Bilanzen der Aktiengesellschaften. 1886.

I. Führung und Aufbewahrung der Bücher . . § 30
II. Beweiskraft . . . . § 31
III. Vorlegung und Mittheilung . . . . § 32
Goldschmidt, Z. XXIX. 341.

Cap. VII. Erlöschen der Kaufmannseigenschaft.

Erlöschen und Veräusserung des Ge-
schäfts . . . . § 33

Lit.: *B.* I. § 37. *Stobbe*, D. Privatr. III. § 181. *Rünger*,
Haben Erwerb und Fortführung einer Firma den Uebergang
der Schulden und Forderungen zur Folge? Greifswald 1881.
Ladenburg, Z. XXX. 90. Vgl. auch §§ 27, 28.

Zweiter Abschnitt. Das Handlungspersonal und die handelsrechtliche Stellvertretung.

Th. I. §§ 55—86. *E.* §§ 25—31. *B.* I. §§ 43—55. *Wendt*
in *E.* Hdb. I. §§ 64—73.

Cap. I. Die Handlungsgehülfen. Das Dienstverhältniss . . . . § 34

H.G.B. Art. 57—65. R.Gew.O. §§ 105—139 b, 154. u. Ges.
6./7. 87. Oesterr. Gewerbegesetz v. 20./12. 59. §§ 50, 72—105
(modif. Ges. 15./3. 83 und 8./3. 85).

S. auch *Mandry* 401. 411. *Stobbe*, D. Privatr. III. § 188.
Dankwardt, Jahrb. für Dogmat. XIV. 228. *Thöl*, Praxis I. 40.

Cap. II. Die Stellvertretung.

H.G.B. Art. 41—56, 296—298.

Laband, Z. X. 183 — weitere *Lit.* B. I. § 48. *Stobbe*,
D. Privatr. III. § 170. S. auch *Zimmermann*, Die Lehre
von der stellvertretenden negotiorum gestio. 1876. *Hell-mann*, Die Stellvertretung in Rechtsgeschäften. 1882. *Mitteis*,
Die Lehre von der Stellvertretung nach Röm. R. Wien
1885. *Baron*, Z. XXVII. 119. *Rivière*, Du commis voya-geur. 1863.

1. Allgemeines . . . . § 35

Insbesondere:

Rechtsgeschäfte mit und ohne Vollmacht . § 35a

2. Die Procura . . . . § 36

Cap. III. Unerlaubte Handlungen . . . . § 37

Goldschmidt, Z. XVI. 287. *Wäntig*, Ueber die Haftung für fremde unerlaubte Handlungen. 1875. *v. Bar* in Grünhut's Z. IV. 69. *E. Löning*, Die Haftung des Staats aus den rechtswidrigen Handlungen seiner Beamten. 1879. *Rang*, Die Haftung des Schuldners für Dritte. Bonn 1886. Verhandlungen des *XVII. und XVIII. Juristentages.* *Windscheid*, Pand. II. § 401. *Brinz*, Pand. II. § 270. *Stobbe*, D. Privatr. III. § 201. — Cf. unten §§ 127, 130, 167 b.

Viertes Buch.

Mittels- und selbständige Hülfs-Personen.

Cap. I. Die Makler.

H.G.B. Art. 272. Z. 4. Art. 66—84. E.G. zur C.P.O. § 13.
Oesterr. Gesetz über die Börsen v. 1./4. 75 und Ges. betr.
die Handelsmäkler v. 4./4. 75.

G. I. § 55. *E.* §§ 163—165. *B.* I. §§ 56—59. *Grünhut*
in E. Hdb. III. §§ 308—311. Zur Geschichte: *Laband*, Z. f.
Deutsches R. XX. 1. *Goldschmidt*, Z. XXVIII. 115. *Struck*,
Die Effektenbörse. 1881. R. *Ehrenberg*, Z. XXX. 403. — *Römisch*,
Annalen des O.A.G.'s Dresden VIII. *Tophoff*, Gruchot's Beitr.
XVII. 784. *Rocholl*, Rechtsfälle aus der Praxis des Reichs-
gerichts II. 1. S. 71 ff. *Ring*, Bu. XLVII. 122. — *Guillard*,
Journal de droit international IV. 307, 400. V. 146, 250, 478.
VII. 439. *J. Fabre*, Des courtiers. Paris 1883. Vgl. auch
unten § 88.

I. Allgemeines. Die Privathandelsmäkler . . . § 38

II. Die Handelsmäkler i. e. S. . . . . § 39

Cap. II. Die Agenten und andere sog. Hülfs-
personen . . . . § 40

G. I. § 55. not. 20 ff. u. Cit. *B.* I. § 55.

Fünftes Buch.

Die Handelsgesellschaft.

Th. I. §§ 87—203. *E.* §§ 32—73. *H.* I. §§ 61 ff. (noch unvollendet). *Lastig, Wendt, Primker, Wolff* in E. Hdb. I. §§ 74—162. *Auerbach,* Das Gesellschaftswesen. 1861. *Strey,* Das Deutsche Handelsgesellschaftsrecht. Abth. I. 1873. *Dahn,* Vorträge 67. *Bekker,* Pandekten I. §§ 59—67. *Gierke,* Die Genossenschaftstheorie und die Deutsche Rechtsprechung (1887) 237, 339, 435. — Allgemeines s. auch *Lastig* in E. Hdb. I. §§ 74—79. *Kuntze, Goldschmidt, Laband:* Z. VI. 178. XXVII. 35. XXX. 469. *Goldschmidt,* Kritik des Entwurfs eines H.G.B. für die Preussischen Staaten. 2 Hefte. 1857/58. *Goldschmidt,* Gutachten über den Entwurf 2. Lesung. 1860. (Beilagenheft zu Z. III.) *Kleinwächter* im Handb. d. polit. Oekon. I. 224. Zur Geschichte: *Rösler,* Z. IV. 252. *Bekker,* Eod. IV. 500. *M. Cohn,* Das Römische Vereinsrecht. 1873. *Pernice,* Z. f. Rechtsgeschichte. N. F. III. (Rom. Abth.) 48. *Gierke,* Das D. Genossenschaftsrecht I. 965. II. 936. *Lastig,* Z. XXIV. 387. *F. A. G. Schmidt,* Handelsgesellschaften in den Deutschen Stadtrechtsquellen des Mittelalters. 1883. *Fréméry,* Études 30. *Lattes,* Diritto commerciale 154. *Endemann,* Die Entwickelung der Handelsgesellschaft. 2. Aufl. 1872. *Renaud,* Ueber die Handelsgesellschaften. 1872. *Gierke,* Z. XXVII. 606.

Troplong, Commentaire sur le contrat des sociétés civiles et commerciales. 2 vol. 1843. *Délangle,* Commentaire sur les sociétés commerciales. 2 vol. 1843. *Matthieu et Bourguignat,* Commentaire de la loi sur les sociétés du 24/29 juillet 1867. 1868. *Bédarride,* desgleichen. 2 vol. 1871. *Rousseau,* Des sociétés commerciales françaises et étrangères. 1878; questions nouvelles sur les sociétés commerciales. 1882. *Vavasseur*, Traité des sociétés civiles et commerciales. 2 vol. 1878. *Lescoeur*, Essai sur la législation des sociétés commerciales. 1877. *De-loison*, Traité des sociétés commerciales. 2 vol. 1882. *Guillery*, Les sociétés commerciales en Belgique. 3 vol. Bruxelles 1874/76. *Vidari*, Corso II. III. 1—162. *Lindley*, Law of partnership. 4 ed. 2 vol. London 1878. *J. Story*, Commentaries on the law of partnership. 6 ed. Boston 1868. *Bailey*, Les sociétés anglaises limited. Paris 1885.

Uebersicht und Abgrenzung . . . . . . § 41

Erster Abschnitt. Die Handelsgesellschaft i. e. S.

Begriff, Entwickelung, Arten und gemeinschaftliche Grundsätze . . . . § 42

Cap. I. Die offene Handelsgesellschaft.

S. vor § 41, auch: *Treitschke*, Die Lehre von der unbe-schränkt obligatorischen Gewerbegesellschaft und von Komman-diten. 2. Aufl. 1844. B. I. §§ 63—84. *Lastig* in E. Hdb. I. §§ 80—95. *A. Renaud*, Das Recht der Kommanditgesellschaften. 1881. *Laband*, Z. XXX. 513. XXXI. 1. *Unger* in Jahrb. für Dogmat. XXV. 239.

I. Wesen und Errichtung . . . . § 43

H.G.B. Art. 85—89.

II. Die inneren Beziehungen . . . . § 44

H.G.B. Art. 90—109.

Insbesondere:

Das Gesellschaftsvermögen . . . . . . § 44a

III. Rechtsverhältnisse zu Dritten . . . . . § 45

H.G.B. Art. 110—122.

S. auch *Wach*, Handb. des Civilprocesses I. 522. u. Z. f. Civilproc. IX. *Eccius*, Z. XXXII. 1. *Sommer*, Gruchot's Beitr. XXX. 358.

IV. Die Auflösung.

1. Auflösungsgründe und Erhaltung . . . . § 46

H.G.B. Art. 123—132.

Keyssner, Die Erhaltung der Handelsgesellschaft. 1870.

2. Konkurs, Liquidation, Auseinandersetzung und
Verjährung . . . . § 47

H.G.B. Art. 122, 133—149. K.O. §§ 198—201, 44. Oesterr.
Konkursordnung § 199.
Keyssner, Z. XXX. 533.

Cap. II. Die Kommandit- und die stille Gesellschaft.

H.G.B. Art. 150—172, 250—265. K.O. §§ 198—201, 44.
S. vor § 41, auch B. I. §§ 85—95. *Wendt* in *E*. Hdb.
I. §§ 96—105. *Lastig*, eod. §§ 137—142. *Renaud*, Das Recht
der Kommanditgesellschaften. 1881. *Ehrenberg*, Beschränkte
Haftung des Schuldners nach See- und Handelsrecht. (1880.)
322. *Renaud*, Das Recht der stillen Gesellschaft und die Ver-
einigung zu einzelnen Handelsgeschäften für gemeinschaftliche
Rechnung. Herausg. von L a b a n d. 1885. Zur Geschichte:
W. Silberschmidt, Die Commenda in ihrer frühesten Entwicke-
lung. 1884.

I. Geschichtliche Entwickelung . . . . . . § 48

II. Das geltende Recht . . . . § 49

Fortsetzung . . . . § 49a

Cap. III. Der Aktienverein.

[H.G.B. Art. 208—249. Reichsges. v. 11./6. 70 (Aktien-
novelle) und v. 16./12. 75.] Reichsges. v. 18./7. 84 betr.
die Kommanditgesellschaften auf Aktien und die Aktiengesellschaften. § 1. Art. 207—249 g. §§ 2—7. K.O. §§ 193.
194. Ungar. H.G. §§ 147—222.
S. vor § 41. *Renaud*, Das Recht der Aktiengesellschaften.
2. Aufl. 1875 und dort S. 55 ff. Citirte. *Loewenfeld*, Das Recht
der Aktiengesellschaft. 1869. *Primker* in *E*. Hdb. I. §§ 106
bis 133. *Stobbe*, D. Privatr. I. § 58. *Bekker*, Pandekten I.
§ 68. — Schriften des Vereins für Socialpolitik I (Gutachten
von *Goldschmidt, Wiener, Behrend*). *Wiener*, Der Aktiengesetz-
entwurf. 1884. *V. Simon*, Z. XXIX. 445. *Goldschmidt*, Z. XXX.
69. Kommentare zum Reichsges. v. 1884: *Ring, Simon* und
Keyssner, Kayser, Esser, Makower, v. Völderndorff. Beseler, D.
Privatr. §§ 232, 233.

Einleitung . . . . § 50

I. Die geschichtliche Entwickelung . . . . . § 51

II. Die rechtliche Natur . . . . § 52

III. Die Errichtung, Gründer. Qualificirte Gründung § 53

Fortsetzung . . . . § 53a

J. F. E. Hahn, Ueber die aus der Zeichnung von Aktien hervorgehenden Rechtsverhältnisse. 1874. *de Muralt*, De la fondation des sociétés anonymes. Lausanne 1887. *Wiener*, Z. XXI. 333. XXIV. 1, 450. XXV, 1. Verhandl. d. Juristentags. XI. 2, 72. XIV. 1, 88, 99; 2, 152.

IV. Die Verfassung . . . . § 54

    1. Insbesondere: Das Grundkapital und die
    Aktien. Prioritäts-Aktien und Obligationen § 55

Goldschmidt, Der Lucca-Pistoja-Aktienstreit. 1859. *Bekker*, Z. XVI. 32. *Meili*, Zur Lehre von den Prioritätsaktien. 1874. *v. Strombeck*, Bu. XXXIII. 1. *Deking-Dura*, Handhaving der rechten van obligationshouders. Amsterdam 1887. 1 , 7. Die Bilanzen der Aktiengesellschaften. 1886.

    2. Die Vereinsorgane.

C. Glünicke, Die Klagen der einzelnen Aktionäre gegen Vorstand und Aufsichtsrath. Berlin 1884. *Bekker*, Pandekten. I. 270 ff.

Der Vorstand . . . . § 56

Der Aufsichtsrath . . . . § 57

Die Generalversammlung . . . . . . § 58

3. Die Rechte der Aktionäre . . . . . . § 59

4. Die Verpflichtung der Aktionäre und der
    Uebergang der Aktienrechte . . . . . § 60

V. Die Veränderung des Grundkapitals . . . . § 61

VI. Auflösung und Liquidation. Fusion . . . . § 62

Wiener, Z. XXVII. 333. *Sachs*, Z. XXIX. 35.

Cap. IV. Mischformen.

I. Die Kommandit-Gesellschaft auf Aktien.

[H.G.B. Art. 173—206. Reichsges. v. 11.'6. 70.] Reichsges.
v. 18.,7. 84. § 1. Art. 173—206 a. §§ 2—4, 6, 7. K.O.
§§ 198—201.

Renaud, Das Recht der Kommanditgesellschaften, 635.
Primker in *E.* Hdb. I. §§ 134—136. Kommentare vor § 50.

1. Rechtliche und wirthschaftliche Natur . . § 63
2. Errichtung. Rechtsverhältnisse . . . . § 64
3. Auflösung und Liquidation . . . . . . § 65

II. Die Erwerbs- und Wirthschafts-Genossenschaften.

Reichsges. v. 4.'7. 68 und Declar. 19.,5. 71. K.O. §§ 195
bis 197 und E.G. § 3. Oesterr. Ges. über Erwerbs- u.
Wirthschaftsgenossenschaften v. 9.'4. 73. Ungar. H.G.
§ 223—257. (K. Sächs. Ges. 15.·6. 68 und 25.,3. 74. Bayer.
Ges. 29./4. 69 und Reichsges. v. 23. 6. 73. E.G. zur
K.O. § 6.)
E. §§ 177—187. *Wolff* in *E.* Hdb. I. §§ 143—162.
Stobbe, D. Privatr. I. § 90. *Mandry,* 145. *v. Sicherer,* Die
Genossenschaftsgesetzgebung in Deutschland. 1872. *Parisius,*
Die Genossenschaftsgesetze im Deutschen Reich. 1876. *Schulze-Delitzsch,* Die Gesetzgebung über die privatrechtliche Stellung
der Erwerbs- und Wirthschaftsgenossenschaften. 1869. *Krasnopolski* in Grünhut's Z. VIII. 54. *Schulze-Delitzsch,* Streitfragen im D. Genossenschaftsrecht. 1880. *Goldschmidt,* Erwerbs-
und Wirthschaftsgenossenschaften. 1882 (auch Z. XXVII. 1).
Reinartz, Die eingetragene G. als Korporation. 1882. *Hertz,*
Die Novellen und Anträge zum Genossenschaftsges. 1883. *Schönberg* im Hdb. der pol. Oekon. II. 531. Verhandl. des VIII. u.
XVIII. Juristentags.

1. Geschichtliche Entwickelung und wirthschaftliche Natur . . . . § 66
2. Errichtung und Rechtsverhältnisse . . . § 67
3. Auflösung. Umlageverfahren . . . . . § 68
   Anhang. Die Gegenseitigkeitsgesellschaft . . . . § 69

Reichsges. über die eingeschriebenen Hülfskassen vom
7./4. 76 u. 1./6. 84. — R.Gew.O. v. 1./7. 83. §§ 97 a. 100 c. d.
— Reichsges. betr. die Krankenversicherung v. 15./6. 83,
die Unfallversicherung v. 6./7. 84, 28./5. 85, 15./3. u. 15./5.
86, 20./5. 11./7. 13./7. 87. — K. Sächs. Ges. 15./6. 68. Bayer.
Ges. 29./4. 69. Preuss. Berggesetz § 165—186.
Gierke, Genossenschaftsr. I. 1049, 1066, 1101. *Renaud*,
Aktiengesellschaften. § 18. *G.* I. § 49. *Hinrichs*, Z. XX. 419.
Reuling und *Ladenburg*, eod. XIII. 166. *Laband*, eod. XXIV.
66. *O. Bülow*, Die Versicherung auf Gegenseitigkeit. 1883. —
Vgl. § 167 b.

Zweiter Abschnitt. Die Gelegenheitsgesellschaft.

Consortien, Syndicate . . . . § 70
H.G.B. Art. 266—270. K.O. § 44.
Lastig in *E.* Hdb. I. § 143. *Renaud* a. a. O. (§ 48).
Wolff, Bn. XVIII. 257. *Hauser*, C.O. N. F. VIII. 8. *Gold-
schmidt*, Z. XV. 299. *Böhlau*, eod. XVIII. 404. *Sydow*, eod.
XIX. 426.

Sechstes Buch.

Die Waare.

G. I. 2. §§ 60—99 (2. Aufl. II. bisher § 60—64b). *Th.* I.
§§ 204—234. *E.* §§ 74—88. *E.* Hdb. II. §§ 162—236. *Vidari,*
Corso III (1879). 163—712.

Uebersicht . . . . § 71

Erster Abschnitt. Die Sachen.

Cap. I. Allgemeines.

I. Vertretbarkeit. Qualität. Quantität . . . . § 72
G. II. §§ 61—63. *Laband*, Staatsrecht II. § 75. *E.* im
Hdb. II. §§ 163—166. *Jolly* im Hdb. d. pol. Oekon. I. 589.

II. Werth und Preis. Marktpreis. Kurs . . . § 73
G. II. § 64. I. § 40. *E.* im Hdb. II. § 167. *Neumann*
im Hdb. d. pol. Oekon. I. 129. 263.

Cap. II. Besitz . . . . § 74
G. I. §§ 64—68. *E.* im Hdb. II. §§ 168—171. Neueste Lit.:
Stobbe, D. Privatr. II. § 148. *Windscheid*, Pandekten. § 148.
Dazu: *Pininski*, Der Thatbestand des Sachbesitzerwerbes. I. 1885.
Strohal, Die Succession in den Besitz. 1885. *v. Scheurl*, Zur
Lehre vom Römischen Besitzrecht. 1886. *Kniep*, Vacua pos-
sessio. I. 1886. — Verhandl. des XV. Juristentags. — *de Folleville*,
Traité de la possession des meubles et des titres au porteur,
2 éd. Paris 1875.

Insbesondere die Traditionspapiere . . . . § 75

H.G.B. Art. 302, 415—418, 649—653. E.G. zur K.O. § 14.
Preuss. Ausführungsges. zur K.O. v. 6.|3. 79. § 5.
G. I. §§ 69—77. Th. I. §§ 270, 271. Dazu: Exner, Krit.
Vierteljahrschr. XIII. 205. Meischeider, Besitz und Besitzes-
schutz (1876). 302. Goldschmidt, Z. XXIX. 18. — Vgl. unten
§ 148.

Ueber Lagerpapiere auch: F. Hecht, Die Warrants (Beilageheft zu Z. XXIX). Simonson, Schmoller's Jahrb. IX. 155.
u. Z. XXXIII. 207. G. Cohn in E. Hdb. III. § 432. Leon-
hard, Der Warrant als Bankpapier. 1886. Vidari, Corso
V. 58.

Cap. III. Eigenthum . . . . § 76

H.G.B. Art. 306—308.

G. I. §§ 78—80. E. im Hdb. II. §§ 172—174. Stobbe,
D. Privatr. II. §§ 145—148. Heusler, Institutionen des D.
Privatr. II. 3, 197, 209. Mandry 311. — Goldschmidt, Z. VIII.
225. IX. 1. Viezens eod. XXXIII. 177. — Franken in Verhandl. des XV. Juristentages. v. Waldkirch, Erwerb und Schutz
des Eigenthums an Mobilien. Zürich 1885. de Folleville, cf.
§ 74.

Cap. IV. Die Deckung im Handelsverkehr.

H.G.B. Art. 309—316, 374, 375, 382, 409, 412, 624—629.
K.O. §§ 40, 41 u. E.G. dazu §§ 11—17. Ungar. Wechselges.
1876. §§ 106—109.

G., I. §§ 83—98. E. im Hdb. II. §§ 175—183. G. Cohn,
eod. III. §§ 440—443. Stobbe, D. Privatr. II. §§ 155, 156.
Heusler, Institutionen a. a. O. II. 201. Mandry 298, 330. —
S. auch §§ 76, 112.

Uebersicht . . . . § 77

I. Das Pfandrecht . . . . § 78

S. auch Meili, Das Pfand- und Konkursrecht der Eisenbahnen. 1879.

II. Das kaufmännische Retentionsrecht . . . . § 79

Korn, Das kaufmännische Retentionsrecht. Tübingen 1881.
Sträuli, Das Retentionsrecht — Winterthur 1885.

Zweiter Abschnitt. Vom Gelde.

Reichsges. v. 4./12. 71, 9./7. 73, 20./4. 74, 30./4. 74, 14./3. 75, 6./1. 76. Reichsstrafgesetzb. §§ 146—152.

G., I. § 99—109. *R. Koch* in *E.* Hdb. II. §§ 184—190. *G. Cohn*, eod. III. § 445. *Mandry* 183. *Laband*, Staatsrecht II. § 74. *Hartmann*, Ueber den rechtlichen Begriff des Geldes und den Inhalt von Geldschulden. 1868. (Dazu: *Karlowa*, Krit. Vierteljahrsschr. XI. 526. *Goldschmidt*, Z. XIII. 367.) *Knies*, Geld und Kredit. I. 1873 (2. Aufl. 1885). II. 1. 2. 1876/79. *Bekker*, Ueber die Kuponsprocesse der Oesterreichischen Eisenbahngesellschaften. 1881. *Hartmann*, Internationale Geldschulden. 1883. S. über die Kuponsprocesse Z. XXVII. 512. XXVIII. 283, 402. XXXIII. 246. — *Nasse* im Handb. d. pol. Oekon. I. 335 — *Soetbeer*, Deutsche Münzverfassung. Abth. 1—6. 1881. *R. Koch*, Die Reichsgesetzgebung über Münz- und Bankwesen. 1885. — Zur Geschichte: *Endemann*, Studien II. 161. — Vgl. auch §§ 105 ff.

Cap. I. Geld. Münze. Rechnungsgeld . . . § 80

Cap. II. Die Metallgeldzeichen. Papiergeld und Geldpapiere . . . . § 81

Dritter Abschnitt. Von den Werthpapieren.

H.G.B. Art. 300—305, 307, 309, 325. W.O. Art. 11–13, 36, 74. C.P.O. §§ 837—850. Reichsges. v. 8./6. 71, 12./5. 73. Franz. Ges. v. 15./7. 72.

Lit. bei Th. I. § 211 ff., insb. § 222. — *Kuntze*, Die Lehre von den Inhaberpapieren. 1857. *Kuntze*, Wechselrecht 1862; Z. VI. 1; Wechselrecht in *E.* Hdb. IV. 2; Die Obligationen im Römischen und heutigen Recht (1886) 221. — *Brunner* in *E.* Hdb. II. §§ 191—199. *Stobbe*, D. Privatr. III. §§ 171, 177 bis 180. *Goldschmidt*, Z. XXVIII. 63. *Gierke*, eod. XXIX. 254. *Gareis*, Arch. f. W.R. XVII. 266; Z. XXI. 356 u. Bu. XXXIV. 97. — Zur Geschichte insb.: *Brunner*, Z. XXII. 42, 505. XXIII. 225; Das französische Inhaberpapier des Mittelalters. 1879; Zur Rechtsgeschichte der Römischen und Germanischen Urkunde. 1880. *G. Salvioli*, I titoli al portatore. Bologna 1883. *Papa d'Amico*, I titoli di credito. Catania 1886. *Cusumano* — s. § 105. — *de Folleville* (s. § 74). *Buchère*, Traité — des valeurs

mobilières et effets publics. Paris 1869. *Audier*, Titres au porteur. Paris 1885. — *Galuppi*, Dei titoli al portatore. Roma 1875.
— *Daniel*, A treatise on the law of negotiable instruments. 2 vol.
3 ed. New York 1886.

Cap. I. Begriff und Uebersicht . . . . . . § 82

   Insbes. Handels-Papiere. Abstracte Verpflichtungen . . . . § 82a

Cap. II. Namen-, Ordre-, Inhaber-Papiere . § 83

   Die Scripturrechte . . . . § 83a

   1. Die Ordre-Papiere . . . . § 84

   S. auch Wechselrecht: Buch X.

   2. Die Inhaber-Papiere . . . . § 85

S. auch *Mandry* 169. *v. Poschinger*, Die Lehre von der
Befugniss zur Ausstellung von Inhaberpapieren. 1870. *M. Pap-
penheim*, Begriff und Arten der Papiere auf Inhaber — 1881.
Beisert, Materialien zur Frage der übereinstimmenden Gesetz-
gebung der Inhaberpapiere. 1879. *Fuchs*, Die Karten oder
Marken des täglichen Verkehrs. Wien 1881. *Marsson*, Die
Ausserkurssetzung der Inhaberpapiere. 1887. *Marcus*, Z.
XXVI. 16.

Siebentes Buch.

Die Handelsgeschäfte.

Erster Abschnitt. Allgemeine Grundsätze.

Th. I. §§ 235—249. *E.* §§ 89—99. *Regelsberger* in *E.*
Hdb. II. §§ 237—257. Vgl. *Stobbe*, D. Privatr. III. §§ 167, 168,
173, 174, 176, 177, 182, 190. *Mandry* 347.

Cap. I. Inhalt der handelsrechtlichen Verbind-
lichkeiten . . . . § 86
H.G.B. Art. 278—286, 294, 295, 299. C.P.O. § 290 u.
E.G § 17. K.O. § 61.
Zur Geschichte: *Endemann,* Studien II. 243, 322.

Insbesondere von den Zinsen. Wucher . . § 87
H.G.B. Art. 287—293. Reichsges. 14./11. 67 u. 24./5. 80.
Bayer. G. 5./12. 67. Oesterr. Ges. 14./6. 68, 19./7. 77 u.
28./5. 81. Ungar. Ges. 26./3. 77.

Endemann, Die nationalökon. Grundsätze der Canon. Lehre.
1863. *M. Neumann*, Geschichte des Wuchers in Deutschland.
1865. *Endemann*, Studien I. II. — *Braun* u. *Wirth*, Die Zins-
wuchergesetze. 1856. *Rizy,* Ueber Zinstaxen und Wuchergesetze.
1859. *Jaques*, Die Wuchergesetzgebung im Civil- und Straf-
recht. Wien 1867. Verhandl. des VI. Juristentages *(Goldschmidt).*
Hinschius, Z. f. Gesetzg. u. Rechtspfl. II. 14. *v. Schwarze,*
Kommentar z. Reichsges. 24./5. 1880. (1881.) *Randa,* Zur Lehre
von den Zinsen und der Konventionsstrafe. Wien 1869. *Mandry,*
351, 482. *Knies*, Kredit I. 202, 328. II. 1. *v. Lilienthal,* Conrad's Jahrb. f. Nationalökonomie. N. F. I. 140. *Eheberg* in
Schmoller's Jahrb. VIII. 823, vgl. IV. 55. *Mithoff* im Hdb.
der pol. Oekon. I. 481. (2. Aufl. I sub XI).

Cap. II. Abschliessung der Handelsgeschäfte.

I. Oertliche Einrichtungen für den Abschluss:

Märkte, Messen, Börsen . . . . § 88

R.Gew.O. §§ 64—71. Preuss. E.G. zu H.G.B. Art. 3.
Oesterr. Ges. 1. 4. 75.
E. § 136. B. I. § 60. — Zur Geschichte: R. Ehrenberg,
Z. XXX. 445. — Roscher, System III. § 22, 23, 74, 99. Löning,
Verwaltungsr. § 125. Struck, Die Effektenbörse. 1881. Mollot,
Bourses de commerce. Nouv. éd. 2 vol. Paris 1853. Jeanotte-
Bozérian, La bourse, ses opérateurs et ses opérations. 2 vol.
Paris 1859. Bastiné, Code de la bourse. Bruxelles 1876
Buchère, Traité des opérations de la bourse. Paris 1877. — Vgl.
oben vor § 38 und unten vor § 101.

II. Der Vertragsschluss, insbesondere unter Ab-
wesenden . . . . § 89

II.G.B. Art. 318—323. 337.
Lit. bei Windscheid, Pandekten II. §§ 306, 307. Regelsberger in E. Hdb. II. 399. Rousseau, De la correspondance par
lettres missives et télégrammes. Paris 1877.

III. Die Form . . . . § 90

H.G.B. Art. 317. Reichsstempelgesetze v. (10.;6. 69, 4.;6. 69)
1.;7. 81 und 29.;5. 85.

Cap. III. Die Erfüllung . . . . § 91

H.G.B. Art. 324—336.
S. auch Römer, Z. XXIII. 1. — Vgl. auch § 113.

Zweiter Abschnitt. Die einzelnen Handelsgeschäfte.

Uebersicht . . . . § 92

Cap. I. Der Handelskauf.

Th. I. §§ 250—294. E. §§ 103—123. Gareis in E. Hdb.
II. §§ 258—276. Stobbe, D. Privatr. III. §§ 184, 185. — Bech-
mann, Der Kauf nach gem. R. I. 1876. II. 1884. Treitschke,
Der Kaufkontrakt in besonderer Beziehung auf Waarenhandel.
2. Aufl. von Wengler. 1865. Troplong, De la vente. 5 éd.
2 vol. Paris 1856. Couëtoux, Des achats et ventes des marchandises. Paris 1874. — Zur Geschichte: Endemann, Studien II.

I. Der gemeine Handelskauf.

1. Perfektion. Waare und Preis . . . . . § 93
H.G.B. Art. 337, 338, 335, 346, 352, 353.
G. II. §§ 61—64. *Römer*, Abhandl. I. 132. *Flesch*, Jahrb.
für Dogm. XIX. 310. *Riesser* eod. XX. 201. *G. Cohn* in E.
Hdb. III. § 301.

Der Kauf auf Probe oder Besicht . . . § 94
H.G.B. Art. 339, 341.
Goldschmidt, Z. I; *Unger*, Z. II; *Fitting*, Z. II. V und
Arch. für civil. Praxis XLVI. 237. *Unger*, Jahrb. für Dogm.
XXV. 322.

2. Verpflichtungen.
H.G.B. Art. 342—346, 351, 352.
a) Des Verkäufers . . . . § 95
b) Des Käufers . . . . § 95a
Barkhausen, Z. XXX. 30.

Insbesondere von der Empfangbarkeit und
der Gewährsleistung . . . . . . § 96
H.G.B. Art. 335. 346—350. Reichsges. 14./5. 79.
G. II. § 62. — *Gareis*, Das Stellen zur Disposition nach
gem. D. R. 1870. *Hanausek*, Die Haftung des Verkäufers für
die Beschaffenheit der Waare. 1883/87. *Eck* in Jur. Abhandl.,
Festgabe für G. Beseler. (1885.) 161. — *v. der Leyen*, Z, XVI.
86. — *Goldschmidt*, Z. XIX. 98. XV. 315. *Römer* eod. XXIII. 1.
— *Fick*, Arch. f. W.R. VIII. 21. IX. 371. — *Bruck*, Die Be-
weislast hinsichtlich der Beschaffenheit des Kaufobjektes. 1874.
Römer, Z. XIX. 123.

Der Kauf nach Probe . . . . § 97
H.G.B. Art. 340.
Cropp in Heise's u. Cropp's Abh. I. Nr. 13. *Hesse*, Z. f.
Civilr. und Proc. N. F. III. 145.

3. Der Verzug und dessen Rechtsfolgen . . § 98
H.G.B. Art. 343, 354—356, 359.
Fr. Mommsen, Beiträge zum Obligationenrecht Bd. III.
Kniep, Die Mora des Schuldners. 2 Bde. 1871/72. *Kohler*,
Jahrb. für Dogm. XVII. 261. *Lamprecht*, Bu. XXVI. 1. (*Gelpcke*
in dessen Z. f. H.R. I. 1. *Pauli*, N. Arch. f. H.R. III. 123.)

4. Uebergaug der Gefahr und der Nutzungen . § 99

H.G.B. Art. 345.

Hofmann, Ueber das Periculum beim Kauf. Wien 1870. *Regelsberger*, Krit. Vierteljahrsschrift. XIII. 90. *Puntschart*, Die fundamentalen Rechtsverhältnisse des Römischen Privatrechts. 1885.

5. Uebergang des Eigenthums. Vindications-
und Verfolgungsrecht des Verkäufers . . § 100

K.O. §§ 35, 36, 38.

G. I. 2. §§ 79—82. *Zimmermann*, Z. XIX. 397. *Franken*, Verhandl. des XV. Juristentages I. 13. *Oetker*, Das Verfolgungsrecht nach § 36 der Konk.O. 1883. — Vgl. oben § 76.

II. Der Zeitkauf i. e. S.

Oesterr. Börsenges. v. 1./4. 75.

Gareis in *E.* Hdb. II. § 275. *Grünhut* in *E.* Hdb. III. §§ 277—287 und Cit. *Gareis*, Die Klagbarkeit der Differenzgeschäfte. 1882. *R. Ehrenberg*, Die Fondsspekulation und die Gesetzgebung. 1883. Verhandlungen des XVI. u. XVII. Juristentages. *Siegfried*, Die Börse und die Börsengeschäfte. (Saling's Börsenpapiere 5. Aufl.) I. 1886. — S. auch zu §§ 88. 38.

Das Fixgeschäft und die Differenzklage . § 101

H.G.B. Art. 357, 358. K.O. § 16.

2. Das Differenzgeschäft . . . . § 102

3. Die Prämiengeschäfte . . . . § 103

4. Das Report- (Prolongations-Kost-)Geschäft § 104

8. § 101.

Cap. II. Kredit- und Zahlungsgeschäfte.

Th. I. §§ 295—375. *E.* §§ 124—149. *G. Cohn* in *E.* Hdb. II. §§ 229—234. III. §§ 426—433, 440—454. — *Nebenius*, Der öffentliche Kredit. 2. Aufl. 1829. *Knies* (s. vor § 80, überhaupt die dort cit. Liter.) *A. Wagner* im Handb. der pol. Oekon. I. 433. — *Endemann*, Z. IV. 30, 191.

I. Von den Banken . . . . § 105

Reichsbankges. v. 14./3. 75 und Statut v. 21./5. 75.

G. I. § 53. *R. Koch* in *E.* Hdb. II. 133. *Laband*, Staatsr. II. § 75. *Soetbeer*, Deutsche Bankverfassung. 1875. *Knies*,

Credit II. 215. *Roscher*, System III. § 60 ff. *A. Wagner* im
Handb. der pol. Oekon. I. 433. *R. Koch* in Bu. XXXIII. 139.
(XXXIV. 125) u. Z. Beilageheft zu XXIII. 226 ff. — Zur
Geschichte: *Rota*, Storia delle banche. Milano 1874 und Cit.
(Cuneo, Lattes u. a. m.) *Cusumano*, Storia dei banche della
Sicilia. I. Roma 1887.
Paignon, Théorie légale des opérations de banque. 1854. —
Grant, Treatise on the law relating to bankers and banking
companies. 4 ed. London 1882. *Walker*, A treatise on banking
law. London 1877.

II. Die Kreditgeschäfte.

Uebersicht . . . . § 106

1. Das Darlehn. Insbesondere die öffentliche
   Anleihe . . . . § 107
S. auch *A. Wagner* im Handb. der pol. Oekon. III. 513.
Die Lehrbücher der Finanzwissenschaft von *Stein*, *Wagner*,
Roscher. — Zur Geschichte: *Endemann*, Studien I. II.

2. Das Zettelgeschäft . . . . § 108

3. Das Depositengeschäft . . . . § 109

4. Der Krediteröffnungsvertrag . . . . . § 110
Grünhut in *E*. Hdb. III. § 434.

5. Der Kontokorrentvertrag . . . . . . § 111
H.G.B. Art. 291.
Grünhut in *E*. Hdb. III. §§ 435—439. S. auch *J. A. Levy*,
Der Kontokorrentvertrag. Deutsche Ausgabe von *J. Riesser*.
1884. Verhandl. des XVIII. Juristentages *(Riesser)*. *Feitu*,
Traité du compte courant. Paris 1873.

III. Die Kreditsicherung . . . . § 112
H.G.B. Art. 281, 380, 297.
Regelsberger in *E*. Hdb. II. § 256. *G. Cohn*, ebenda III.
§§ 440—443. *Stobbe*, D. Privatr. III. §§ 191, 192. — *Hauser*,
C.O. N. F. IV. 321. *Voigtel*, Bu. VIII. 421. *Rosin*, Gruchot's
Beiträge XXI. 390. *C. Roscher*, Gutachten der Handelskammer
zu Zittau (1877) 117. *Goldschmidt*, Z. XIV. 397. XXVII. 59.
Stammler, Arch. f. civil. Praxis LXIX. 1. — Vgl. oben §§ 77—79.

IV. Zahlungsgeschäfte.

Uebersicht . . . . § 113

G. I. §§ 107—109. *Gruchot,* Die Lehre von der Zahlung der Geldschuld. 1871. *R. Koch,* Bu. XXIX. 343. — Novation durch Wechsel? *Schauberg,* Z. XI. 193 u. Cit. *Hellmann,* Die novatorischen Funktionen der Wechselbegebung. 1874. *Gruchot,* Beiträge XVIII. 842. *Römer,* Abhandl. I. 1, 78, 92.

1. Die Zahlungsanweisung . . . . § 114

Lit.: Th. I. § 325. *G. Cohn* in *E.* Hdb. III. § 451. *Windscheid,* Pandekten § 412. — S. auch Wechselrecht: Buch X.

Insbesondere:

a) Die kaufmännische Anweisung . . § 115

H.G.B. Art. 300, 301, 303, 305, 297. Ungar. II.G. §§ 289, 291—294, 296—298.

b) Der Check . . . . § 116

Lit.: *Cohn* in E. Hdb. III. § 454. *Birnbaum* u. *Kapp,* Z. XXX. 1. 325. Verhandl. des XVII. Juristentags.

c) Das Accreditiv . . . . § 117

2. Umschreibung u. Scontration (Abrechnungsstellen) . . . . § 118

Lit.: *Cohn* in E. Hdb. III. §§ 447, 448. *R. Koch,* Z. XXIX. 59.

V. Die Geschäfte des Wechselverkehrs s. Buch X.

Cap. III. Das Transportgeschäft.

E. Sax, Die Verkehrsmittel in Volks- und Staatswirthschaft. 2 Bde. Wien 1878|79. *Sax* im Hdb. der pol. Oekon. I. 503.

Uebersicht . . . . § 119

I. Der Binnen-Frachtvertrag.

1. Im Allgemeinen.

H.G.B. Art. 390—421.

Th. H. R. III. (Dazu *Goldschmidt,* Z. XXVI. 606; *Thöl,* Handelsrechtliche Erörterungen. 1882; *Goldschmidt,* Z. XXVIII. 441. XXIX. 623; *Drilling,* Nochmals die angeblichen Ungültig-

keiten des Betriebsreglements. Würzburg 1884.) *E.* § 153—162.
G. I. § 54. *Schott* in *E.* Hdb. III. §§ 336—350. -- *W. Koch,*
Deutschlands Eisenbahnen. I. II. 1854/58. *W. Koch, Z.* VIII.
401. *Eger,* Das Deutsche Frachtrecht, mit bes. Berücksich-
tigung des Eisenbahnfrachtrechts. I—III. 1879/83. — *Galopin,*
Des voituriers par terre, par eau et par chemin de fer.
1866. *Durerdy,* Traité du contrat de transport par terre.
2 éd. 1874. — *Chitty* and *Temple,* On the law of carriers
of goods and passengers by land, inland navigation and in
ships. London 1856. *Story,* Commentaries on the law of bailments. 8 ed. Boston 1871. *Redfield,* On carriers and bailments.
Cambridge 1869.

a) Abschluss und rechtliche Natur. Der
  Frachtbrief . . . . § 120
G. I. 2. § 75.

b) Absender und Frachtführer . . . . § 121
Goldschmidt, Z. III. 58, 331. XVI. 287. Neuere Lit. über
den Begriff der höheren Gewalt (Exner, Dernburg, Hafner u. A.)
s. *v. der Leyen, Z.* XXXIII. 428.

c) Empfänger und Frachtführer . . . . § 122
G. I. 2. § 75.

d) Mehrere successive Frachtführer . . . § 123
Knittel, Die Nachnahme im Speditions- und Frachtgeschäft. 1886.

e) Erlöschen der Ansprüche und Pfandrecht § 124

f) Der Ladeschein . . . . § 125
S. oben § 75.

2. Das Frachtgeschäft der Eisenbahn-Anstalten § 126
H.G.B. Art. 421—431. **Betriebsreglement für die Eisen-
bahnen Deutschlands vom 11.5. 74 nebst Ergänzungen.
Oesterr. Betriebsreglement v. 10.6. 74.**
Vgl. Lit. § 119. *Schott* in *E.* Hdb. III. §§ 352—363.
J. A. Schrötter, Das Preussische Eisenbahnrecht. 1883. *Eger,*
Handbuch des Preussischen Eisenbahnrechts. Lief. 1—3. 1886/87.
Endemann, Das Recht der Eisenbahnen. 1886. — *Laband,*
Staatsrecht II. § 73. *Löning,* Verwaltungsr. §§ 158—161. —

Goldschmidt, Z. IV. 569 u. Cit. *Rosshirt*, Arch. f. civil. Prax. XLIV. 247. *[c. Hahn]*, Das D. H.G.B. und die Eisenbahnen. 1860. *W. Koch*, Z. X. 58. *Fick*, eod. Beilageh. zu Bd. XIX. *Endemann* in Bu. XLII. 192. *Wehrmann*, Das Eisenbahn-frachtgeschäft. 1880. *Ruckdeschel*, Commentar z. Betriebsreglement. 1880. *Förster*, Betriebsreglement für die Eisenbahnen Deutschlands. 1886. — *II. Hürlimann*, Die eidgenössische Eisenbahngesetzgebung. Zürich 1887. — *Lamé Fleury*, Code annoté des chemins de fer. 3 éd. 1872. *Sarrut*, Legislation et jurisprudence sur le transport des marchandises par chemin de fer. Paris 1874. *Bédarride*, Des chemins de fer. 2 vol. 1876. *Féraud-Giraud*, Code des transports par chemins de fer. 3 vol. 1883. — *Shelford*, Law of railways. 4 ed. 2 vol. London 1869. *Godefroy and Short*, Law of railway companies. London 1869. *Redfield*, Law of railways. 5 ed. 2 vol. Boston 1873. — *Nani*, Della responsabilità delle amministrazioni ferroviarie relativamente ai trasporti. Torino 1874. — *Eger*, Die Einführung eines internationalen Eisenbahnfrachtrechts. 1877. *Meili*, Internationale Eisenbahnverträge. 1887. — Zeitung des Vereins Deutscher Eisenbahnverwaltungen. Seit 1861. Archiv für Eisenbahnwesen. Seit 1878.

II. Der Transportvertrag für Personen und
 deren Reisegepäck . . . , ... § 127

H.G.B. Art. 425. Betriebsreglements (s. zu § 126). Reichsges. v. 7. 6. 71, betr. die Verbindlichkeit zum Schadenersatze für die bei dem Betrieb von Eisenbahnen etc. herbeigeführten Tödtungen und Körperverletzungen. Oesterr. Ges. v. 5. 3. 69. Ungar. Ges. v. 7. 7. 74.

Schott in E. Hdb. III. §§ 351, 364. *Westerkamp* in E. Hdb. III. §§ 376—391. *Stobbe*, D. Privatr. III. §§ 200, 201. *Mandry*, 442. *Endemann*, Die Haftpflicht der Eisenbahnen etc. 3. Aufl. 1885. *Eger*, Das Reichshaftpflichtgesetz. 3. Aufl. 1886. *v. Weinrich*, Die Haftung wegen Körperverletzung und Tödtung eines Menschen. 1883. — S. auch § 130. — *Römer*, Z. XVIII. 1. *Alexander Katz*, eod. XXIII. 444. — *Simon*, Die Haftpflicht der Eisenbahnen in England. Deutsch von *v. Weber*, 1868. — Vgl. auch zu §§ 37, 126 und vor § 119.

III. Der Transport zur See — s. unten §§ 147
 bis 149.

IV. Geschäfte der Post . . . . § 128

H.G.B. Art. 421, 449. Reichsges. über das Postwesen v. 28.;10. 71; über Posttaxwesen v. 28./10. 71, 15./3. 73, 3.;11. 74; Postordnung v. 8. 3. 79 mit Nachträgen. Weltpostvereinsvertrag, jetzt v. 21. März 1885. Reichsges. v. ·20.'12 75.

Schott in E. Hdb. III. §§ 365—371. — Laband, Staatsrecht. II. § 71. Löning, Verwaltungsr. §§ 151—155, 157. Dambach, Ges. über das Postwesen. 4. Aufl. 1881. Meili, Die Haftpflicht der Postanstalten. 1877. Mandry, 419. v. der Osten, Der einfache Sachtransport nach D. Reichspostrecht. 1883. — Archiv für Post und Telegraphie. Seit 1876.

V. Geschäfte der Telegraphen-Anstalten § 129

Telegraphen-Ordnung vom 13./8. 80. Telegraphen-Betriebsordnung 1876. Internationaler Telegraphen-Vertrag v. 22.;7. 75 u. 28.;7. 79.

Schott in E. Hdb. III. §§ 372—375. Laband und Löning, a. a. O. (§ 128). Serafini, Il telegrafo in relazione alla giurisprudenza civile e commerciale. Pavia 1862 (französisch von Lavialle de Lameillière. Paris 1863, deutsch von Roncali. Wien 1866). Meili, Das Telegraphenrecht. 2. Aufl. Zürich 1873. Meili, Das Telephonrecht. 1885. Ludewig, Die Telegraphie. 1872. Dambach, Das Telegraphenstrafrecht. 1872. Fischer, Die Telegraphie im Völkerrecht. 1876. Ludewig, Z. XXXI. 63. — Ueber den Fall der Irrung s. auch Regelsberger (oben § 89), Windscheid, Pandekten II. § 307. Not. 5. § 311. Not. 1 u. Cit. Eisele in Jahrb. für Dogm. XXV. 414.

Cap. IV. Anderweitige Dienst- und Verdingungs-Verträge . . . . § 130

E. §§ 150—152. E. im Hdb. II. §§ 235, 236. III. §§ 303 bis 307. — Vgl. über Haftpflicht: § 127 und oben § 37, unten § 167 b.

Schriften des Vereins für Socialpolitik VII. XIX.

Sainctelette, De la responsabilité et de la garantie. Bruxelles (Paris) 1884; Accidents de travail. Bruxelles 1886. Fusinato, Rivista Italiana per le scienze giuridiche. III. 46.

Cap. V. Die Verlagsgeschäfte und die ander-
weitigen Geschäfte des Buch- und
Kunsthandels . . . . . , . . . § 131

Ungar. H.G. §§ 515—533.

G. I. § 56. *Th.* I. § 206—208. *E.* § 173. *Klostermann* in
E. Hdb. III. §§ 392—401. *Stobbe,* D. Privatr. III. § 189.
O. Wächter, Das Verlagsrecht. 2 Bde. 1857. *v. Gerber,* Ges.
jur. Abh. I. (1872.) 261. *Petsch,* Die gesetzlichen Bestimmungen
über den Verlagsvertrag. 1870. *Schürmann,* Organisation und
Rechtsgewohnheiten des Deutschen Buchhandels. I. II. 1880/81.
O. Wächter, Z. II. 749. *Reuling,* eod. XXIII. 70. *Buhl,* eod.
XXV. 142. *Buhl,* Zur Rechtsgeschichte des Deutschen Sorti-
mentsbuchhandels. 1879. *Weidling,* Das buchhändlerische Kon-
ditionsgeschäft. 1885 (dazu *Goldschmidt,* Z. XXXIII. 491). —
Börsenblatt für den Deutschen Buchhandel. Seit 1834.

Cap. VI. Die Versicherungsgeschäfte s. Buch IX.

Cap. VII. Vermittelungs- und Vertretungs-
geschäfte . . . . § 132

G. I. § 55.

Cap. VIII. Das Kommissionsgeschäft.

H.G.B. Art. 360—378.

G. I. § 54. *E.* §§ 166—171. *Grünhut* in E. Hdb. III.
§§ 312—330. *C. S. Grünhut,* Das Recht des Kommissions-
handels. Wien 1879. *Lepa,* Z. XXVI. 438. *v. Hahn,* Z. XXIX. 1.
Lepa, Die Lehre vom Selbsteintritt des Kommissionärs. 1883.
— *Delamarre* et *Lepoitvin* (s. oben § 9). *Pouget,* Des droits
et des oblig. des divers commissionnaires. 4 vol. Paris 1857/58.
Domenget, Du mandat, de la commission et de la gestion
d'affaires. 2 éd. 2 vol. Paris 1870. *Troplong,* Du mandat etc.
2 vol. Paris 1845/46. — *Story,* Commentaries on the law of
agency. 8 ed. Boston 1874. *Russel,* A treatise on mercantile
agency. London 1873.

  I. Begriff und rechtliche Natur. Abschluss und
Endigung . . . . § 133

  II. Rechtsverhältnisse gegen Dritte . . . . . § 134

III. Verpflichtungen des Kommissionärs . . . § 135

Voigt, Z. XXV. 181. *v. Hahn*, Z. XXIX. 1. *Voigt*, Die
Haftbarkeit des Einkaufskommissionärs. 1884.

IV. Eigenthumsverhältnisse am Kommissionsgut . § 135a

K.O. §§ 35—38.

G. I. 2. § 66. Not. 10 ff.

V. Rechte und Sicherung des Kommissionärs . § 136

G. I. 2. §§ 96, 97.

VI. Das gemischte Kommissionsgeschäft . . . § 137

Gad, Z. XIV. 234. *Anschütz*, eod. XVII. 1. *Grünhut*, Z.
f. öff. u. Privatr. V. 104. *Lepa* a. a. O. *Paul Abraham*, Ueber
den Eintritt des Kommissionärs als Selbstkontrahenten. In-
auguraldiss. 1884. (Hamburg.) *Hartmann*, Bu. XLII. 121. —
Vgl. Lit. vor § 133.

Cap. IX. Das Speditionsgeschäft . . . . § 138

II.G.B. Art. 379—389.

E. § 172. *Grünhut* in E. Hdb. III. §§ 331—334. *Grünhut*,
Kommissionshandel. 524. *Wengler*, Beiträge zur Lehre vom
Speditionsgeschäft. 1860. *R. Koch*, Bu. II. 447. *Wolff*, Arch.
f. W.R. XVIII. 171. *Gareis*, C.O. N. F. VII. 257. *Franck*,
Arch. f. W.R. XIII. 225. — Vgl. Literatur vor § 133.

Achtes Buch.

Das Seerecht.

Einleitung.

I. Inhalt des Seerechts . . . . § 139

Küstenfrachtfahrt: Reichsges. 22.,5. 81.

Recht der *Binnenschifffahrt:* (Singelmann) Entwurf eines Gesetzes zur Regelung der Verhältnisse der Fluss- und Binnenschifffahrt. 1869. *Laband*, Z. XV. 1. *Sarau*, C.O. N. F. V. 551.

Oeffentliches Seerecht:

Staatsseerecht: s. oben § 1 und *Perels*, Handbuch des allgemeinen öffentlichen Seerechts im Deutschen Reich. 1884.

Völkerseerecht: s. oben § 1 und *Perels*, Das internationale öffentliche Seerecht. 1882.

II. Geschichte und Quellen . . . . § 140

R. Wagner, Handbuch des Seerechts. I. 1884. §§ 2—12, vgl. Z. XXIX. 413. *Lewis* in E. Hdb. IV. 1. §§. 2, 3.

Aeltere Sammlungen s. G. I. 31. *Wagner* I. 53.

Insbesondere: *J. M. Pardessus*, Collection de lois maritimes antérieures au dix-huitième siècle. 6 vol. 4. Paris 1828/45. *Sir Travers Twiss*, Monumenta iuridica. The black book of the admiralty, with an appendix. Vol. I—IV. London 1871/76. (Vgl. *R. Wagner*, Z. XXVII. 619.) — Dazu: *C. Zachariae v. Lingenthal*, Abhandl. der Berliner Akademie der Wissenschaften. 1881. *Alianelli*, Delle antiche consuetudini e leggi marittime delle provincie Napolitane. Napoli 1871. *Laband*, Das Seerecht von Amalfi. 1864. (Z. VII. 296) u. *Camera*, Memorie storicodiplomatiche dell' antica città e ducato di Amalfi. I. II. Salerno 1876/81. *Schlyter*, Corpus iuris Visbyensis urbici et maritimi.

Wisby Stadslag och Sjörätt. Lund 1853. (Dazu: *Goldschmidt*, Krit. Z. f. die ges. Rechtswissenschaft. III. [1856] 21.) *Güterbock*, De iure maritimo, quod in Prussia saeculo XVI et ortum est et in usu fuit. 1866. *R. Wagner*, Z. XXVII. 393. — *Hanserecesse* u. Hansisches Urkundenbuch. Neue Ausgabe 1870 ff. *Neuere* Seegesetze: (Der Ehrsamen Hansestädte Schiffsordnung und Seerecht. 1614. Schwed. Seer. 1667. Ordonnance de la marine. 1681. *K. Preuss.* Seerecht. 1727. Ordonanzas de — *Bilbao* — 1737. cap. XIX—XXIX). Editto politico di navigazione mercantile *Austriaca* 1774. (A. L.R. II. 8. §§ 1398 bis 1933. 2359—2451.) Die sämmtlichen Handelsgesetzbücher der Seestaaten, mit Ausnahme des Oesterreichischen und Ungarischen (vgl. oben § 8). Zum *Code de commerce* insbes. Ges. v. 12./8. 1885. *Grossbritannien:* Einzelgesetze, insbes. The merchant shipping act v. 10./8. 54 nebst Ergänzungen, namentlich 1862, 1867, 1873, 1876, 1880. *Norwegen:* Seegesetz 24./3. 1860. *Schweden:* Seegesetz 23./2. 1864 (eine *skandinavische* Codification ist im Gange). *Finland:* Seegesetz 9./6. 73.

D. H.G.B. Art. 432—911 nebst zahlreichen ergänzenden und abändernden Gesetzen.

Knitschky, Die Seegesetzgebung des D. Reichs. 1883. *Höchster* et *Sacré*, Manuel de droit commercial français et étranger. Droit maritime. 2 vol. Paris 1876. *Actes du congrès international de droit commercial d'Anvers.* 1885. Droit maritime. Bruxelles 1886. Vgl. *Lewis*, Z. XXXII. 87. *Ulrich*, Le congrès international etc. Berlin 1885.

III. Literatur . . . . § 141

R. Wagner, I. 99—120. *Straccha* (§ 9), *Loccenius*, De iure maritimo et navali. Amst. 1651. *F. Stypmannus*, De iure maritimo et nautico. Gryphisw. 1652. *F. Roccus*, De navibus et naulo, item de assecurationibus. Nap. 1655. *C. Targa*, Ponderazioni sopra le contrattazione marittima. Genova 1692. *Wedderkop*, Introductio in ius nauticum. Flensburg 1757. Die Kommentare v. *Peckius* (zu den Römischen Seerechtsquellen. 1556, insbes. 1647 u. 1668); *Kuricke* (zum Hanseat. Seerecht 1667); *Casaregis* (zum Consulat 1718); *Langenbeck* (zum Hamburg. Seer. 1727); *Valin* (zur Ordonnance de la marine 1760, zuletzt 1829). *v. Martens*, *Heise*, *Pöhls*, III. 1—4. (s. § 9). *v. Kaltenborn*, Grundsätze des praktischen Europäischen Seerechts. 2 Bde. 1851.

Neuere Kommentare: *Makower*, Das A. D. H.G.B. 1862
(9. Aufl. 1884). *C. F. Koch*, Das A. D. H.G.B. 1863 (2. Aufl.
1868). *W. Lewis*, Das D. Seerecht. I. II. 1877/78 (2. Aufl.
1883/84).
Neuere Systeme: *Lewis* u. *Schröder* in E. Hdb. IV. 1.
§§ 1—59. **R. Wagner, Handbuch des Seerechts.** I. 1884.
Vgl. *Gareis*, Das D. Handelsr. (2. Aufl.) §§ 116—126. 128.
Beseler, D. Privatr. (4. Aufl.) §§ 257—265. 267. *Dernburg*, Pr.
Privatr. II.
Meves, Die strafrechtlichen Bestimmungen der Seegesetze. 1876.
Ullrich (Seebohm, Hermann und Hirsch), Sammlung von see-
rechtlichen Erkenntnissen des Handelsgerichts zu Hamburg. 1858
bis 1876. Urtheile des O.A.G.'s zu Lübeck, der Hamburgischen
und Mecklenburgischen Gerichte, des R.O.H.G.'s und R.G.'s —
s. oben § 9. Entscheidungen des Oberseeamts und der Seeämter
des Deutschen Reichs, seit 1879.
  Juristische Abhandlungen von *Heise* u. *Cropp* (oben § 9).
Revue internationale de droit maritime, publiée par *Autran*.
Seit 1885. Paris.
Dufour, Droit maritime. t. I. II. 1859. *Cresp*, Cours de
droit maritime — par *A. Laurin*. t. I—IV. 1876/82. *Desjardins*,
Traité de droit commercial maritime. I—VI. Paris 1878/87.
de Valroger, Droit maritime. 5 vol. 1883 ff. *Lyon Caën* et
Renault, Précis de droit commercial. t. II. 1885/86. Die Werke
von Pardessus, Bravard-Veyrières (Demangeat), Alauzet, Be-
darride u. A. zum Code de com. *Caumont*, Dictionnaire universel de droit maritime. Paris 1869. — Die Werke von de
Wal, Holtius, Kist u. A. zum *Holl.* H.G.B. — *Vidari*, corso V—VII.
  Abbott, Treatise on the law relative to merchants ships and
seamen. 12 ed. London 1881. *Maude* u. *Pollock*, A compendium of the law of merchant shipping. 4 ed. London 1881.
Maclachlan, A treatise on the law of merchant shipping. 3 ed.
London 1880. *Kay*, The law relating to schipmasters and seamen.
2 vol. London 1875. *Foard*, A treatise on the law of merchant
shipping and freight. London 1880. *Parsons*, A treatise on
the law of shipping. 2 vol. Boston 1869. Ueber die Englische
Praxis s. auch *Voigt*, Z. XXVI. 483. XXVII. 294. XXVIII.
312. — Die Werke von Smith, Kent u. A. über Englisch-Ameri-
kanisches Handelsrecht.
  A. de Courcy, Questions de droit maritime. I—III. Paris
1877/85.

Cap. I. Von den Schiffen und dem Schiffsregister . . . . § 142
H.G.B. Art. 432—449. Seemannsordnung § 68. Reichsges. v. 25./10. 67 über die Nationalität der Kauffahrteischiffe. Reichsges. v. 28./6. 73, betr. die Registrirung
u. Bezeichnung der Kauffahrteischiffe. Reichsges. v. 15./4.
85. Bekanntmachung v. 5.7. 72 u. 24.10. 75, betr. die
Schiffsvermessungs-Ordnung. Reichsges. v. 27./7., betr.
die Untersuchung von Seeunfällen. — C.P.O. §§ 785, 812.
E.G. zur K.O. § 14. Pr. E.G. Art. 59.
Bergmann, Die Vorschriften über das Schiffsregister. 1884.

Cap. II. Von dem Rheder . . . . § 143
H.G.B. Art. 450—455, 477.
Heise u. Cropp, Jurist. Abhandl. I. 442. Ehrenberg, Beschränkte Haftung des Schuldners nach See- und Handelsrecht
(1880). 170. R. Wagner, Beiträge zum Seerecht (1880). 45.

Die Rhederei . . . . § 144
H.G.B. Art. 456—476.
Heise u. Cropp, I. 504. Jebens, C.O. N. F. I. 365. R. Wagner,
Beiträge 1.

Cap. III. Schiffer und Schiffsmannschaft.
Reichsges. v. 13. Juli 1887 betr. die Unfallversicherung
der Seeleute u. s. f.
I. Der Schiffer . . . . § 145
H.G.B. Art. 428—527. E.G. zur C.P.O. § 13.

Die Schiffsmannschaft . . . . , ... § 146
(H.G.B. Art. 428—556. Preuss. Ges. v. 26./3. 64 etc.)
Seemannsordnung v. 27.12. 1872.
Jebens, C.O. N. F. I. 525. Kühns, Z. XII. 421. Wagner,
Beiträge 66.

Cap. IV. Das Seetransportgeschäft.
I. Das Frachtgeschäft . . . . § 147
H.G.B. Art. 557—643, 663, 664.
Heise u. Cropp, II. 615. Goldschmidt, Z. III. 58. 331.
Feldmann, N. Arch. f. H.R. III. 184. Voigt eod. III. 211. 257.

444. *Ullrich* eod. III. 312. *Meier*, C.O. N. F. IV. 11. *Bruhns*, Z. XXI. 121. *Voigt*, Zum See- und Versicherungsrecht. 1880. *Voigt*, Ausgleichung der Havariegrosse und Seefrachtrechte. 1882. — *Carver*, A treatise on the law relating to the carriage of goods by sea. London 1885. *Scrutton*, The contract of affreightment as expressed in charterparties and bills of lading. London 1886.

Das Konnossement . . . . § 148
H.G.B. Art. 644—663, 302, 303, 305.

Vgl. oben § 75. *G.* I. 2. §§ 70—74. *Kist*, Beginselen van handelsregt. d. II. (2. Aufl. 1874). *Schlodtmann*, Z. XXI. 384. 398. Verhandl. d. XVII. Juristentages. *Lewis*, Die neuen Konossementsklauseln. 1885. — *Leggett*, A treatise on the law of bills of lading. London 1880. *Foard* (s. § 147). *Mittermaier*, Z. XXXII. 209. *Vivante*, La polizza di carico. Milano 1880.

II. Der Personentransport . . . . § 149
H.G.B. Art. 665—679.

Cap. V. Die Bodmerei . . . . § 150
H.G.B. Art. 680—701, 302, 303, 305. E.G. zur K.O. § 14.

Schröder in E. Hdb. IV. I. §§ 46. 47. *Goldschmidt*, Untersuchungen zur l. 122. § 1 de V.O. 1855. *Mathiass*, Das foenus nauticum u. die geschichtl. Entwickelung der Bodmerei. 1881. — *Ehrenberg* a. a. O. 42—179. *Thöl*, H.R. I. § 313. — Vgl. auch Lit.: §§ 151. 156a.

Cap. VI. Von Seeschäden.

I. Von der Haverei . . . . § 151
H.G.B. Art. 702—735. C.P.O. §§ 761—768. Reichsges., betr. die Untersuchung von Seeunfällen vom 27.;7. 77. Allgemeine Seeversicherungsbedingungen. Hamburg 1867 (auch N. Archiv f. H.R. IV. 137). Bremische Seeversicherungsbedingungen 1875.

R. Ulrich, Grosse Haverei. Die Gesetze und Ordnungen der wichtigsten Staaten. 1884. *Schröder* in E. Hdb. IV. 1. §§ 48—53. *Ehrenberg* a. a. O. 71. — *Tecklenborg*, Ueber Bodmerei und Havariegrosse. 1858. *Frignet*, Traité des avaries. 2 vol. Paris 1859. *Morel*, Des avaries, du jet et de la contribution. Paris 1874. — *Lowndes*, Law of general average. English and foreign.

2 ed. London 1875. *Dixon*, On general average. New York
1874. *Hopkins*, A Handbook of average. 4 ed. London 1884. —
Lewis, Z. XXIV. 491. u. dort cit. Lit. *Molengraaff*, Internationale
avarie grosse regeling. Leiden 1880 (cf. *Franck*, Z. XXVIII.
417). *Voigt* (s. § 147). — S. auch Lit. zu § 156a.

II. Von dem Zusammenstoss . . . . § 152

**H.G.B. Art. 736—741. Strafgesetzb. § 145. V. v. 23./12.
71, — jetzt 7./1. 80. u. 16./2. 81 — betr. die Verhütung
des Zusammenstossens. Noth- und Lootsen-Signal-Ordn.
v. 14./8. 76 und V. v. 15./8. 76. Reichsges. v. 27./7. 77.**

Schröder in E. Hdb. IV. § 54. *Lamprecht*, Z. XXI. 12.
Romberg, Das Strassenrecht auf See. 1870. *Freden*, Zur Erläuterung des Strassenrechts auf See. 1872. *J. Caesar*, Handb.
der D. Reichsgesetzgebung betr. die Seeunfälle. 1882. *Fresquet*,
Des abordages maritimes. Paris 1869. *Marsden*, A treatise on
the law of collisions at sea. 2 ed. London 1885.

Cap. VII. Bergung und Hülfeleistung . . . § 153

**H.G.B. Art. 742—756. Strandungs-Ordn. v. 17./5. 74.
Signal-Ordn. (s. § 152). Reichsges. v. 27./7. 77. Strafgesetzb. §§ 265, 322, 323, 326, 360. Nr. 10.**

Schröder in E. Hdb. IV. § 55. — *Schuback*, De jure litoris,
vom Strandrecht. Hamburg 1751, deutsch 1767, 1781. *Jacobsen*,
Kontrakte in Betreff von Bergelohn. 1821. *Tecklenborg*, Stran-
dungsordnungen. 1874. *Stobbe*, D. Privatr. II. § 149. — *Tartara*,
Nouveau code des bris et naufrages. Paris 1870. *Marwin*, On
the law of wreck and salvage. Boston 1858. *Jones*, The law
of salvage. London 1870.

Cap. VIII. Pfandrechte an Schiff und Ladung.

Verjährung . . . . § 154

**H.G.B. Art. 757—781, 906—911. C.P.O. § 757. K.O.
§§ 39—41. Preuss. E.G. § 59 und andere Landesgesetze.**

Schröder in E. Hdb. IV. §§ 56—59. *Ehrenberg* a. a. O.
241—284.

Neuntes Buch.

Das Versicherungsrecht.

Einleitung.

I. Allgemeine Grundlagen.

  1. Begriff und wesentliche Merkmale . . . § 155

  2. Prämien- und Gegenseitigkeits-Versicherung § 155ᵃ

  3. Eintheilung der Versicherungsgeschäfte . § 155ᵇ

II. Geschichte und Quellen . . . . § 156

Reatz, Geschichte des Europäischen Seeversicherungsrechts. I. 1870. *Reatz*, Ordonnances du duc d'Albe sur les assurances maritimes. Bruxelles 1877. *R. Vivante,* Archiv. giuridico XXXII. 80. *Goldschmidt* in „Juristische Abhandlungen. Festgabe für G. Beseler" (1885) 201. *E. Bensa,* Il contratto di assicurazione nel medio evo. Genova 1884. *Adler,* Z. XXXIV. Vgl. auch: *Endemann,* D. Vierteljahrsschr. Oktober 1865. S. 97. *Endemann,* Z. IX. 301. X. 242. *Gierke,* Genossenschaftsr. I. 1049. *Adler* in Z. f. Reichs- und Landesrecht. II. 27. *Molengraaff,* Regts-geleerd magazijn. II. (1882) bl. 14. 393.

(Ungenügende) Sammlungen: *G.* I. 32; s. auch *Pardessus,* Collection (§ 140).

Nur das Seeversicherungsrecht regeln die meisten Handels-gesetzbücher und die Seerechte (oben §§ 9. 140), auch D. H.G.B. u. Code de commerce art. 332—396 (s. jedoch Loi du 24./7. 67 sur les sociétés art. 66, 67 u. Décret rélatif aux sociétés d'assurance v. 22./1. 68). — Das gesammte Versicherungsrecht: A. L.R. II. 8. §§ 1934—2358, die H.G.-Bücher von Portugal art. 1672—1812, der Niederlande art. 246—308, 592—695, Belgien (Ges. 11./6.

74 u. Seegesetz 1879 art. 168—227), Italien (1882) art. 417—453,
604—641, Spanien (1885) art. 380—438, 737—805. — Nicht die
Seeversicherung: Ungar. H.G. §§ 453—514. Oesterr. B.G.B.
§§ 1267—1269, 1288—1292. *Zürcher* Privatr. G.B. §§ 1704
bis 1760 u. a. m. — Gar nicht: Schweizer. Obligationenrecht. —
Nur einzelne Spezialgesetze bestehen in Grossbritannien und den
Vereinigten Staaten von Amerika.

III. Literatur . . . . § 157

I. *Aeltere* (ausschliessend oder vorwiegend Seeversicherung):
Santerna, Tr. de assecurationibus et sponsionibus merca-
torum. Venet. 1552 (oft, auch in den Ausgaben des Straccha).
Straccha, De assecurationibus 1569 (auch [cf. § 9] Amstelod.
1669). *Roccus* (§ 141). *Targa* (§ 141). *Casaregis* (§ 9) (*N. Magens*)
Versuch über Assekuranzen, Havereien etc. Hamburg 1753.
Das Recht der Assekuranzen und Bodmereien. Königsberg 1771.
Pothier, Traité du contrat d'assurance. Paris 1777 u. oft.
J. Weskett, A complete digest of the theory, law and practice
oft insurance. London 1781 (deutsch von *Engelbrecht*. 3 Bde.
Lübeck 1782—87). *B. M. Emerigon*, Traité des assurances et
des contrats à la grosse. 2 vol. Marseille 1783 (2 ed. Rennes
1827). *A. Baldasseroni*, Trattato delle assicurazioni marittime.
3 vol. Firenze 1786 (2 ed. 5 vol. 1801/04). *W. Benecke*, System des Assekuranz- und Bodmereiwesens. 5 Bde. Hamburg
1805/10. 1821. 2. Ausg., umgearb. v. *V. Nolte*. 2 Bde. 1851/52.
v. *Martens, Heise*. *Pöhls*, H.R. IV. 1. 2. *Mittermaier*, D. Privatr.
II. (s. § 9).

II. *Neuere:*
Kompend. bezw. allgemeine Prinzipien: Lehrb. d. D. Privat-
rechts von *v. Gerber, Beseler* (4. Aufl. §§ 116, 117, 226). *Bluntschli*.
Gareis H.R. §§ 71, 127. *Dernbury*, Pr. Privatr. II. §§ 231—239;
unter Ausschluss der Seeversicherung: *Thöl*, H.R. I. §§ 297—300.
Endemann, H.R. §§ 174—176. *Stobbe*, D. Privatr. III. §§ 197,
198. *Förster-Eccius*, Pr. Privatr. II. §§ 145, 146. S. auch *G.*
I. § 49.

Monographisch:

1. Allgemein:
Phillips, Treatise on the law of insurance. Boston 1825
(5 ed. New York 1867). *Alauzet*, Traité général des assurances.
2 vol. Paris 1843. *Chaufton*, Les assurances. vol. I. II. Paris

1884/86. *Sacerdoti*, Il contratto di assicurazione. 2 vol. Padova
1874/78. *Vivante*, Il contratto di assicurazione. Vol. I. III.
Milano 1885/7.

2. Nur Seeversicherung:

Kommentare z. H.G.B. von *Makower* u. *C. F. Koch* (§ 141).
Lewis, Das D. Seerecht II. (2. Aufl.) 245. **J. F. Voigt, Das
D. Seeversicherungsr.** 1884/87. — Systemat.: *Tecklenborg*,
System des Seeversicherungswesens. 1862. *Reatz* in E. Hdb.
IV. 1. §§ 60—82. Vgl. *F. Brandt*, Ueber Seeversicherung (aus
dem Norweg.) 1878.

E. Cauvet, Traité des assurances maritimes. 2 vol. Paris
1879/81. *Droz*, Traité des assurances maritimes. 2 vol. Paris
1881. — *Arnould*, A treatise on the law of marine insurance.
6 ed. 2 vol. London 1887. *Lowndes*, dto. London 1881. *Parsons*,
A treatise on the law of marine insurance. 2 vol. Boston 1868.

3. Nur sog. Binnenversicherung.

König in E. Hdb. III. §§ 402—425. *Malsz*, Betrachtnngen
über einige Fragen des Versicherungsrechts. 1862. *Malsz*, Z.
VI. 361. VIII. 369. XIII. 45, 418. *v. Kübel*, Z. f. Versicherungsr. I. 321. II. 1. *v. Lichtenfels*, Ueber einige Fragen des
Binnenversicherungsrechts. Wien 1870. Traité des assurances
terrestres *v. Grün* et *Joliat* 1828, *Quenault* 1828, *Persil* 1834
(Paris). *May*, The law of insurance. 8 ed. Boston 1882.
Dictionnaire des assurances terrestres *v. Pouget,* 1855, *Lechartier*,
1883 (Paris). S. § 167.

Dazu die reiche auswärtige Lit. in den Systemen des Handelsrechts, des Seerechts, den Kommentaren der Handelsgesetzbücher
(§§ 9, 141.).

Wirthschaftliche Literatur und öffentliches Versicherungsrecht:

Masius, Darstellung des Versicherungswesens. 1857. *Gallus*,
Die Grundlagen des gesammten Versicherungswesens. 1874.
Makowizka in Bluntschli und Brater Staatswörterbuch, XI. 1.
Saski, Die volkswirthschaftliche Bedeutung des Versicherungs-
wesens. 1865. *E. Herrmann*, Die Theorie der Versicherung.
Graz 1869. *A. Wagner* im Hdb. der pol. Oekonomie, II. 791.
Döhl, Das Versicherungswesen des Preuss. Staats. 1885. *Löning*,
Verwaltungsr. §§ 173—176. *Zammarano*, L'intrapresa delle
assicurazioni. Torino 1887. — —

C. *Malsz*, Zeitschr. f. Versicherungsr. 2 Bde. 1867/68
(jetzt Z. f. H.R.). Juristisches auch in den Zeitschriften und
Jahrbüchern für Versicherungswesen v. *Wallmann,*
Kanner, Elsner, Neumann, Ehrenzweig u. A.

Cap. I. Die leitenden Principien.

S. auch (?) *Endemann*, Z. IX. 284, 511. X. 242. *Gier*, Bn.
XXVI. 405. *L. Cohn*, Der Versicherungsvertrag nach allgem.
Rechtsprinzipien. 1873 und Z. XVIII. 77 (vgl. *Laband*, Z. XIX.
644.) *Adler*, Z. f. Reichs- und Landesr. II. 27. *Laband*, Z. XXIV.
66. — G. I. § 49.

I. Die juristische Natur des Versicherungsver-
trages . . . . § 158

II. Die betheiligten Personen. Anzeigepflicht . § 159

III. Unfall. Gegenstand. Gefahr. Interesse. . § 160

Insbes. der Versicherungswerth. Ueber-,
Doppel-, Unter-Versicherung . . . . § 160a

IV. Verpflichtungen. Deren Erlöschen. Uebergang § 161

Cap. II. Das specielle Versicherungsrecht.

I. Die Güterversicherung.

1. Die Transportversicherung.

a) Zur See . . . . § 162

H.G.B. Art. 782—905. Allgemeine Seeversicherungsbedingungen. 1867. Bremische Seeversicherungsbedingungen. 1875.

Lit. § 157, insbes. *Voigt* a. a. O., auch: *Tecklenborg*, Allgemeine Seeversicherungsbedingungen. 1868.

Heise u. *Cropp*, Jur. Abh. I. 54, 65, 89. II. 579. *Voigt*,
N. Arch. f. H.R. I. 210, 298. III. 357, 390. IV. 114. *Nizze*
eod. I. 327, 412. *Crome*, Z. XXVIII. 1.

b) Zu Lande und auf Binnengewässern . § 163

Voigt, Zum See- und Versicherungsrecht (1880). 58.

2. Anderweitige Güterversicherung . . . . § 164

S. auch: *Hopf*, Aufgaben der Gesetzgebung im Gebiet der
Feuerversicherung. 1880. — *Ferot*, Étude sur l'assurance à

prime contre l'incendie. Paris 1881. *de Lalande* et *Couturier*,
Traité du contrat d'assurance contre l'incendie. Paris 1885.
The law of fire insurance von *Bunyon* (2 ed.
London 1875), *Flanders* (Philadelphia 1871), *Wood* (New York 1878).

3. Die Rückversicherung . . . . § 165
V. Ehrenberg, Die Rückversicherung. 1885.

II. Die Personenversicherung.

1. Uebersicht . . . . § 166
2. Leitende Grundsätze . . . . § 167
Lit. § 157 und. bei *König* in *E.* Hdb. III. §§ 413, 423,
Stobbe, D. Privatr. III. § 198 — insbes. *Vivante*, III. G. I. § 49.
Dazu: *Elster*, Die Lebensversicherung in Deutschland. 1880
(vgl. *A. Wagner* in Conrad's Jahrb. 1881. I. 164). *Fr. Fick*,
Der juristische Charakter des Lebensversicherungsvertrages.
Zürich 1884. *Köhne*, Bn. XLVI. 51. *Rüdiger*, Die Rechtslehre
vom Lebensversicherungsvertrag. 1885. *Ehrenberg*, Z. XXXII.
409. XXXIII. 1. *L. Rehfous*, Le contrat d'assurance en cas de
decès. Genève 1887. *O. Platou*, Om livsforsikringskontracters
natur. Kristiania 1887.

3. Einzelne Rechtssätze . . . . § 167ᵃ
4. Die Zwangsversicherung, insb. der Arbeiter
(Kranken-, Unfall-V.) . . . . § 167ᵇ
Vgl. § 69. Ital. Ges. 15./4. 86.
Mazzola, L'assicurazione degli operai nella scienza e nella
legislazione Germania. Rom 1886. Kommentare zu den Reichs-
gesetzen (s. § 69) von *v. Woedtke* (2. Aufl. 1885). *Köhne* 1886.
Bödiker, Unfallgesetzgebung der Europäischen Staaten. 1884.
— Vgl. auch *Mandry* 134, 432 und oben §§ 37. 127, 130.

Zehntes Buch.

Das Wechselrecht.

Einleitung.

I. Grundbegriffe und wirthschaftliche Func-
tionen . . . . § 168 (1)
II. Die Geschichte des Weehsels und Wechselrechts.

G. F. v. *Martens*, Versuch einer historischen Entwickelung des wahren Ursprungs des Wechselrechts. 1797. *Frémery*, Études de droit commercial. Paris 1833, p. 87. *Holtius*, Abhandlungen civilistischen und handelsrechtlichen Inhalts, übers. v. Sutro. Utrecht 1852. S. 168. *F. A. Biener*, Abhandl. aus dem Gebiet der Rechtsgeschichte. 1848. *F. A. Biener*, Wechselrechtliche Abhandlungen. 1859. *Kuntze*, Das Wechselrecht. 1862. *Neumann*, Geschichte des Wechsels im Hansagebiet. 1873. (Z., Beilageheft zu Bd. VII). *Endemann*, Studien I. (1874) 75. *Lastig*, Z. XXIII. 149. *Brunner*, eod. XXII. 1. *Brunner*, Das französische Inhaberpapier des Mittelalters. 1879. *Goldschmidt*, Z. XXVIII. 69 u. XXXIII. 444. *Götz* in Encyclop. von Ersch & Gruber s. v. Giro. *Kuntze* in E. Hdb. IV. 2. S. 10—47. *Lehmann*, Lehrbuch 29 ff.

1. Ursprünge . . . . § 169 (2)

2. Die Weiterentwickelung . . . . . § 170 (3)

3. Die Wechselrechtsgebiete . . . . . § 171 (4)

Sammlungen der Wechselgesetze: ältere, insbes. von Siegel, Meissner, v. Zimmerl s. *G.* I. 32; jetzt am besten (aber nicht mehr vollständig). *S. Borchardt*, Vollständige Sammlung der Deutschen Wechselgesetze und der ausländischen Wechselgesetze in Deutscher Uebersetzung. 2 Bde. 1871, und *O. Borchardt*, Sammlung der seit 1881 publicirten Wechselgesetze mit Uebersetzung und Anmerkungen. 1883; Nachtrag: Das Ital. Wechselgesetz. 1883.

A. D. W.O. und Nürnberger Novellen (Z. I. 540. V. 228) — s. § 7 — etwaige Revision: *Riesser*, Beilageheft zu Z. XXXIII. 104—116.

Auswärtige Wechselgesetze s. oben § 8.

Neueste auswärtige Wechselgesetze:

Belgien: Ges. 20./5. 72 (Z. Beilageh. zu Bd. XXI. 44).

Ungarisches Wechselges. 5./6. 76 (Z. XXII. 204).

Skandinavisches Wechselges. 7./5. 80 (Z. XXVI. 31).

Schweizerisches Obligationenrecht 14./6. 81. Art. 720—829 (Z. XXIX. 130).

Italienisches (revid.) Handelsgesetzbuch 2./4. bez. 31./10. 82. Art. 251—338 (Z. XXIX. 155).

Spanisches (revid.) Handelsgesetzbuch 22./8. 85. Art. 443 bis 533 (Z. XXXIII. 311).

Grossbritannisches Wechselgesetz 18./8. 82. (45 und 46 Victor. ch. 61). (Z. Beilageh. zu Bd. XXVIII.)

Entwurf einer Wechselordnung für das *Russische Reich*. 1882. (Z. XXVIII. 274.) Revidirter Entw. 1883.

Niederländischer Entwurf eines Gesetzes über die Handelspapiere. (*Riesser* in Z. f. vergl. Rechtswissenschaft VII.)

Encyklopädien: Treitschke, Alphabetische Encyklopädie der Wechselrechte und Wechselgesetze. 2 Bde. 1831. *O. Wächter*, Encyklopädie des Wechselrechts der europäischen und aussereuropäischen Länder. I. II. 1880. Nachtrag 1881.

G. Cohn, Beiträge zur Lehre vom einheitlichen Wechselrecht. 1880. *Pappenheim*, Z. XXVIII. 509. *Cohn*, Z. f. vergl. Rechtswissenschaft IV. 1. *Norsa*, Le conflit des lois et l'unification international en matière de lettres de change. Bruxelles 1884. Actes du congrès international du congrès d'Anvers. 1885. Lettres de change. Vgl. *Speiser*, Z. XXXII. 116. *Norsa*, Sul progetto di legge uniforme in materia cambiaria. Torino 1887.

III. Inhalt und Charakter des Wechselrechts . § 172 (5)

IV. Internationales Wechselrecht . . . . . § 173 (6)
W.O. Art. 84—86. Ungar. Wechselges. §§ 95—97.
Lit. *G.* I. § 38, Not. u. oben §. 14.

V. Die Literatur . . . . § 174 (7)

Sigismundi Scacciae, Tractatus de commerciis et cambio.
Romae 1618. *Raphael de Turri*, Tractatus de cambiis. Genuae
1641. *Phoonsen*, Wisselstyl tot Amsterdam. (Rotterdam 1677,
deutsch in: Siegel, Corpus iuris camb. II.) *Franck*, Institutiones
iuris cambialis. Hal. 1721. *Heineccius*, Elementa iuris cambialis. Amstelod. 1742. *Dupuis de la Serra*, L'art des lettres
de change. Paris 1693. *Pothier*, Traité du contrat de change.
Paris 1763.

Werke über Handelsrecht: *v. Martens*, *Bender* II. 1. 2.
Pöhls II. 1, 2. *Heise*, *Gareis;* über D. Privatrecht: *Mittermaier*,
Beseler, *v. Gerber; Dernburg*, Pr. Privatr. II. (2. u. 3. Aufl.).

Treitschke, Encyclopädie (s. § 171). *Einert*, Das Wechselrecht nach dem Bedürfniss des Wechselgeschäfts im 19. Jahr-
hundert. 1839.

Neuere Systeme: Thöl, Handelsrecht. Bd. II. 1848. (4. Aufl.
1878). *Renaud*, Lehrbuch d. Allg. D. Wechselrechts. 3. Aufl.
1868. *Kuntze*, Deutsches Wechselrecht. 1862. *Hartmann*, Das
Deutsche Wechselrecht. 1869. *O. Wächter*, Das Wechselrecht
des D. Reichs. 1883. *Kuntze* u. *Brachmann*, in E. Hdb. IV. 2.
1884. *Kreis*, Lehrbuch des Wechselrechts. 1884. *H. O. Lehmann*, Lehrbuch des Deutschen Wechselrechts. 1886.

Kommentare: (Liebe) Die Allgemeine Deutsche W.O. mit
Einleit. u. Erläut. 1848. *Hoffmann*, Ausführliche Erläuterung
der D. W.O. 1859. *Volkmar* u. *Loewy*, Die D. W.O. 1862.

Rechtsprechung: S. Borchardt, Die A. D. W.O. mit den
von den Deutschen und Oesterreichischen Gerichtshöfen aus-
gesprochenen Grundsätzen des Wechselrechts, nebst Bemer-
kungen. 8. Aufl. 1882. *Kowalzig*, A. D. W.O. 3. Aufl. 1881.
Rehbein, A. D. W.O. 3. Aufl. 1886. Sammlung wechselrecht-
licher Entscheidungen des R.O.H.G.'s 2 Bde. 1876. Z. XXIX.
182. XXX. 144. XXXI. 354. XXXIII. 410.

Pardessus, Cours de droit commercial. 6 éd. 4 vol. Paris
1856/57. *Nouguier*, Des lettres de change et des effets de commerce. 4 éd. Paris 1874. Die Kommentare zum Code de com.

von Alauzet, Bravard-Veyrières (Demangeat), Bédarride; *Boistel,*
précis (3 ed. 1884), *Lyon Caën* et *Renault* (s. § 9).
Die Kommentare zum Holländischen H.G.B. *von Holtius,*
de Wal, Kist, zum Belgischen von *Namur.*
Vidari, La lettera di cambio. Firenze 1869. *Vidari,* La
cambiale. Milano 1885. Auch: *Marghieri,* Nap. 1883. *Galla-
vresi,* Milano 1883.
J. W. Smith, A compendium of mercantile law. 9 ed.
London 1877. *J. Chitty,* A treatise on the law of bills of ex-
change — 11 ed. London 1878. *Byles,* A practical compendium of the law of bills of exchange — 12 ed. London 1876.
Chalmers, A digest of the law of bills of exchange — 3 ed.
London 1887. *J. W. Smith,* Law of bills, cheques. London
1884. *Thornburn,* Commentary on the bills of exchange act.
Edinburgh 1882. **Daniel** (s. vor § 82). *J. Story,* Commen-
taries on the law of exchange — 4 ed. Boston 1860.
(Deutsche Bearbeitung, nach der ersten Ausgabe von *Treitschke.*
Leipzig 1845). *J. Story,* Commentaries on the law of pro-
missory notes. — 6 ed. Boston 1868. *Franck* in Borchardt's
Sammlung der Wechselgesetze. II. I. S. 154—225 [zum Theil
veraltet].

Cap. I. Allgemeine Grundsätze.

I. Die Wechelakte. Die Wechseltheorien . § 175 (8)

Th. W.R. §§ 231—233. *Hoffmann,* Z. XII. 432. *Gareis,*
eod. XXI. 356. *Gareis,* Arch. f. W.R. XVII. 266. *Kuntze* in
E. Hdb. IV. 2. §§ 9—16. *Lehmann* a. a. O. 145—278 (dazu
Pappenheim, Z. XXXIII. 444).

II. Der Wechselschluss und die Valuta . . § 176 (9)

G. I. §§ 53 not. 10 ff.

III. Die Wechselfähigkeit . . . . § 177 (10)

**W.O. Art. 1. 3. Reichsges. v. 20.5. 68. Oesterr. Ges.
v. 4.5. 68.**
Verhandl. des XV. Juristentags.

IV. Die Stellvertretung bei Eingehung von
Wechselverbindlichkeiten . . . . . . § 178 (11)
W.O. Art. 95.

V. Form und wesentlicher Inhalt des Wechselbriefs.

1. Uebersicht . . . . § 179 (12)
W.0. Art. 4, 5, 96, 98. Nürnb. Nov. 4. Oesterr. Ges. v.
24.;10. 58. Wechselstempelsteuergesetz v. 10.;6. 69 u.
4./6. 79. Bekanntmachung v. 16./7. 81 u. 1.;2. 82.
Gruchot's Beitr. XVIII. 161.

2. Insbesondere die Verfallzeit . . . . § 180 (13)
W.0. Art. 4. Z. 4. Art. 30, 32, 34, 35, (19, 20, 31), Art. 96.
Z. 4. Art. 98. Z. 3, 5. Nürnb. Nov. 3, 7.

3. Mangelhafte — fictive — falsche —
verfälschte Wechsel . . . . . . § 181 (14)
W.0. Art. 7. 75, 76.

VI. Die Selbständigkeit der Wechselakte.
Blanco-Wechselakte . . . . § 182 (15)
W.0. Art. 3, 75, 76. 80. Ung. Wechselgesotz § 93.

VII. Präsentation und Protest, Präjudizirung . § 183 (16)
W.0. Art. 87—93.
v. Salpius, Z. XIX. 32. *Brunner,* eod. XXII. 61. *Goldschmidt,* eod. Beilageh. z. Bd. XXIII. 172. Verhandlungen des
XIV. Juristentags.

Cap. II. Die Tratte und das Accept.

I. Trassant und Trassat. Deckung. Reva-
lirung . . . . § 184 (17)
—e—, N. Arch. f. H.R. III. 437. *Thöl,* Praxis d. H. u.
W.R.'s. I. 52. *Ströll,* Die Wechselrevalirungsklage. 1873. *Levy,*
De rechtsverhouding tusschen trekker en acceptant. Haag 1874.
Vgl. *Windscheid,* Pandekten II. § 412. not. 8a. — S. oben
§ 114.

II. Remittent und Trassant. Valuta . . . § 185 (18)

III. Wechselnehmer und Trassat . . . . § 186 (19)
W.0. Art. 18—20, 31. Nürnb. Nov. 5.

IV. Das Accept . . . . § 187 (20)

W.O. Art. 21, 22, 23.

Grawein, Die Perfection des Accepts. Graz 1876. *Gold-schmidt*, Z. XXVIII. 84.

Cap. III. Das Indossament.

W.O. Art. 9—17.

Jolly, Arch. f. W.R. IV. 374. V. 37. *Hartmann*, C.O. N. F. III. 327. *Budde*, Die rechtliche Natur des Wechselindossaments. 1884. — Vgl. Lit. zu § 175 (8).

I. Wesen und Arten . . . . § 187 (21)

II. Das eigentliche Indossament . . . . § 188 (22)

Besondere Fälle. Insbesondere das Indossament nach Verfall . . . . . § 189 (23)

Grünhut, Die Wechselbegebung nach Verfall. Wien 1871.

Das Blancoindossament . . . . . . § 190 (24)

Das Procuraindossament und die Cession § 191 (25)

Zu *Thöl*, § 182 vgl. noch: Bu. XXXIV. 77. C.O. N. F. IX. 263. *Gruchot's* Beitr. XVIII. 1. *Kohler* in Jahrb. für Dogm. XVI. 149, 346. *Regelsberger*, Arch. f. civil. Praxis LXIII. 180. *Goldschmidt*, Z. XXVIII. 81. *Werthauer* in Grünhut's Z. XIII. 586.

Cap. IV. Bürgschaft und Aval . . . . § 192 (26)

W.O. Art. 81. Ungar. Wechselges. § 66—69.

Loewy, N. Arch. f. H.R. IV. 1. *Böhlau*, Z. XVIII. 404.

Cap. V. Die Zahlung. Verfalltag. Zahlungstag . . . . § 193 (27)

W.O. Art. 92, 93, 33, 41, 37, 11—13, 36, 39. Nürnb. Nov. 5, 7.

Cap. VI. Der Wechselregress.

I. Der Regress mangels Annahme . . . § 194 (28)

W.O. Art. 25—28.

Verhandl. des XIV. Juristentags. 1, 187; 2, 86.

II. Der Regress wegen Unsicherheit . . . § 195 (29)
W.O. Art. 29, 98. Nürnb. Nov. 6.

III. Der Regress mangels Zahlung . . . . § 196 (30)
W.O. Art. 41—44, 48—55, 98.

Insbesondere Notification und Verjährung § 197 (31)
W.O. Art. 45—47, 78, 79, 98.

Cap. VII. Die Intervention.
W.O. Art. 56—65, 29, 98.

Uebersicht . . . . § 198 (32)

I. Die Ehrenannahme . . . . § 199 (33)

II. Die Ehrenzahlung . . . . § 200 (34)

Cap. VIII. Vervielfältigung und Verlänge-
rung der Wechselurkunde . § 201 (35)
W.O. Art. 11, 66—72, 98.
Jolly, Arch. f. W.R. III. 1, 241.

Cap. IX. Vindication und Mortification . § 202 (36)
**W.O. Art. 73, 74, 98. C.P.O. §§ 837—842, 846,
848—850.**
Jolly, Arch. f. W.R. IV. 1. *Goldschmidt,* Z. VIII. 313.

Cap. X. Der eigene Wechsel . . . . § 203 (37)
W.O. Art. 96—98. Nürnb. Nov. 8.
Biener, Arch. f. W.R. V. 241. *Biener,* Wechselrechtl. Ab-
handl. 189.

Cap. XI. Besondere Arten der Tratte
und des eigenen Wechsels. Com-
binationen.

I. Der domicilirte Wechsel . . . . . . § 204 (38)
W.O. Art. 4. Nr. 8. Art. 24, 43, 97, 99.

II. Der Wechsel an eigene Ordre . . . . § 205 (39)
W.O. Art. 6, 23.

III. Der trassirt-eigene Wechsel . . . . . § 206 (40)

W.O. Art. 6.

Fick, Der trassirt-eigene W. 1853. *Renaud*, Z. VII. 387.
Marquardsen, eod. VIII. 56.

Cap. XII. Actionen und Process.

I. Das Verfahren . . . . § 207 (41)

C.P.O. §§ 555—567, 648. Z. 4. G.V.G. § 101.

F. Stein, Der Urkunden- und Wechselprozess. 1887.
v. Amsberg, Z. XXIV. 329. Verhandlungen des XV. Juristentags. *Goldschmidt*, Z. XXVIII. 78. .

II. Die Klagen. Insbesondere in Concurs-
fällen. Die Bereicherungsklage. Verjährung . . . . § 208 (42)

**W.O. Art. 80, 81, 77, 83, 100. K.O. §§ 13, 61 und E.G.
§ 3. C.P.O. § 239. E.G. § 13. Ungar. Wechselges.
§§ 84—90, 114.**

Goldschmidt, Z. XIV. 424 n. Cit.

III. Die Einreden . . . . § 209 (43)

W.O. Art. 82.

Römer, Z. XX. 48. *Werthauer* a. a. O. (§. 191.)

Verlag von Ferdinand Enke in Stuttgart.

Soeben erschien:

Zur Revision des Handelsgesetzbuchs
von

Rechtsanwalt Dr. J. Rießer

in Frankfurt a. M.

1. Abtheilung. 8. geh. Preis M. 3. —

Entwickelungswege und Quellen

des

Handelsrechts
von

Professor Dr. H. Laßig

in Halle a. S.

8. 1877. geh. Preis M. 10. 80.

Soeben erschien:

Lehrbuch der Finanzwissenschaft
von

Dr. Karl Umpfenbach,

o. ö. Professor in Königsberg i. Pr.

Zweite Auflage.

8. geh. Preis M. 10. —

Lehrbuch
des

Deutschen Verwaltungsrechts
von

Dr. Karl Freiberr von Stengel,

o. ö. Professor an der Universität Breslau.

8. 1886. geh. Preis M. 8. —, eleg. geb. M. 9. —

Bd. II der „Handbibliothek des öffentlichen Rechts".

Herausgegeben von Dr. A. v. Kirchenheim.